Weihnachten mit Agatha Christie

Weihnachten mit Agatha Christie

Geschichten, Gedichte, Erinnerungen

Scherz

Erste Auflage 2000

Umschlaggestaltung: Kaselow Design

Inhalt

Hercule Poirots Weihnachten

Es geht doch nichts über ein Kaminfeuer», sagte Colonel Johnson, als er einen neuen Buchenklotz in die Flammen legte und seinen Stuhl näher zum flackernden Feuer zog. «Bitte, bedienen Sie sich», forderte er seinen Gast auf, indem er auf die Flasche wies, die auf dem Tischchen stand.

Nun, Colonel Johnson, Polizeichef von Middleshire, mochte ein Kaminfeuer für das höchste der Gefühle halten, aber Hercule Poirot, sein Gast, war der Meinung, eine gute Zentralheizung, die einem auch den Rücken und nicht nur die Schuhsohlen wärmt, sei weit angenehmer.

«Ja, das war ein eigenartiger Fall, die Sache mit Cartwright», bemerkte der Gastgeber nachdenklich. «Ein erstaunlicher Mann, charmant, gute Manieren ... Tatsächlich, wir haben ihm doch alle aus der Hand gefressen, als er neu hierher kam. Und dann das! Einmalig! Nikotin als Gift ist wirklich selten – glücklicherweise!»

«Es gab eine Zeit, da taten Sie jegliche Art von Giftmord als unenglisch ab», warf Hercule Poirot ein. «Teufelei von Ausländern, unsportlich.»

«Nun, das kann ich heute nicht mehr sagen», meinte der Colonel. «Wir haben ziemlich viele Arsenmorde – vielleicht mehr als angenommen ... Überhaupt sind Giftmorde immer eine unangenehme Sache! Die Zeugen widersprechen sich meistens, die Ärzte sind übervorsichtig in ihren Aussagen, und man weiß manchmal kaum, wie man den Fall vor ein Geschworenengericht bringen soll. Nein, wenn schon Mord, dann irgendetwas Klares, etwas, das keine Zweifel über die Todesursache offen lässt!»

Poirot nickte. «Also die Schusswunde, die durchschnittene Kehle, der eingeschlagene Schädel!? Ziehen Sie solche Tatsachen vor?»

«Vorziehen … ist wohl nicht das richtige Wort! Bitte, glauben Sie ja nicht, dass ich Mordfälle *liebe*! Ich möchte, wenn möglich, nie mehr einen behandeln müssen. Nun, während Ihres Aufenthalts bei mir dürften wir wohl sicher sein! Weihnachten … Friede auf Erden … Liebet einander und all das, wissen Sie.»

Hercule Poirot lehnte sich in seinem Lehnstuhl zurück und betrachtete seinen Gastgeber nachdenklich.

«Sie glauben also», murmelte er nach einer Weile, «dass die Weihnachtszeit keine Saison für Morde sei?»

«Ja, das glaube ich.» Johnson war leicht aus dem Konzept gebracht. «Eben, wie ich sagte, wegen der allgemeinen Versöhnlichkeit und so …»

«Die Engländer sind so sentimental», bemerkte Poirot leise.

«Na und?», fragte Johnson hochmütig. «Wir sind eben traditionsbewusst. Wem schadet das?»

«Niemandem. Es ist im Gegenteil sehr sympathisch. Aber wenn wir es nüchtern betrachten: Ist Weihnachten nicht auch das Fest der Freude? Pflegt man zu Weihnachten nicht reichlich zu essen und zu trinken? Sich vielleicht zu überessen? Nun, der übervolle Magen führt zu Magenverstimmung, und die Magenverstimmung zu Reizbarkeit!»

«Verbrechen», warf der Colonel ein, «werden nicht aus Reizbarkeit begangen!»

«Ich bin nicht so sicher! Und noch was: Weihnachten ist das Fest der Versöhnung, sagten Sie. Alte Streitigkeiten werden vergessen und vergeben, Menschen, die sich nicht mehr vertragen haben, sind bereit, sich wieder gut zu sein – wenn auch vielleicht nur vorübergehend.»

Johnson nickte. «Man begräbt die Kriegsbeile.»

«Und Familien», fuhr Poirot unbeirrt fort, «die jahrelang getrennt waren oder sich das Jahr hindurch nie sahen, vereinigen sich wieder. Das, mein Freund, führt zu Spannungen, glauben Sie mir. Menschen, die keineswegs nett voneinander denken, geben sich Mühe, nett zu *scheinen.* Deshalb ist Weihnachten auch eine Zeit der Heuchelei, gut gemeinter Heuchelei, in der besten Absicht, *c'est entendu,* aber eben doch Heuchelei!» Er lächelte Johnson strahlend an. «Wohlverstanden, *mon cher,* das ist *meine* Ansicht! Ich versuche Ihnen begreiflich zu machen, dass es unter diesen Umständen – seelische Spannung *und* körperliche *malaise* – durchaus möglich ist, dass Abneigungen, die bisher gering, Zwistigkeiten, die bisher ziemlich bedeutungslos waren, plötzlich viel ernsteren Charakter annehmen. Das Resultat dieser vorgespiegelten Versöhnlichkeit und Großmütigkeit muss früher oder später zur Explosion von Hassgefühlen und Rachsucht führen, die viel intensiver sind, als sie das ganze Jahr hindurch waren. Wenn Sie den Strom natürlicher Regungen eindämmen, *mon ami,* dann muss dieser Damm einmal brechen, und dann gibt's eine Überschwemmung!»

Colonel Johnson sah seinen Gast zweifelnd an.

«Ich weiß nie, wann Sie ernsthaft reden und wann Sie mich auf den Arm zu nehmen versuchen», brummte er.

Poirot lächelte. «Ich meine es nicht ernst, ganz und gar nicht! Trotzdem ist es wahr: Künstlich gezüchtete und erzeugte Stimmungen führen zwangsläufig zu bestimmten Reaktionen.»

Colonel Johnsons Diener erschien unter der Tür.

«Inspektor Sugden ist am Telefon, Sir.»

«Ja, ich komme.» Mit einer Entschuldigung Poirot gegenüber ging Johnson hinaus, kam aber schon nach kaum drei Minuten wieder zurück. Er sah ernst und verstört aus.

«Der Teufel hol's!», stieß er hervor. «Ein Mord! Am Heiligen Abend – ein Mord!»

Poirot erhob erstaunt die Augenbrauen. «Sind Sie ganz sicher ... ich meine, dass es Mord ist?»

«Wie? Ach so! Ja, es ist gar nichts anderes möglich! Ein absolut klarer Fall. Mord – und ein sehr brutaler dazu!»

«Wer ist das Opfer?»

«Der alte Simeon Lee, einer der reichsten Männer dieser Gegend. Machte in Südafrika ein Vermögen. Mit Gold ... nein, mit Diamanten, wenn ich nicht irre. Und außerdem verdiente er Unsummen mit technischen Verbesserungen der Bergbaumaschinen – irgendetwas, das er selber erfunden hat, soviel ich weiß. Man sagt, dass er mindestens doppelter Millionär sei.»

«Und war er sehr beliebt?»

«Ich glaube nicht, dass jemand ihn liebte», erwiderte Johnson langsam. «Ein eigentümlicher Kauz. Er war seit Jahren invalide. Ich selber habe ihn nicht näher gekannt, aber er war zweifellos eine der auffallendsten Erscheinungen weit und breit.»

«So dass dieser Fall also ziemlich Staub aufwirbeln wird?»

«Allerdings! Ich muss sofort nach Longdale hinüber.»

Poirot stellte die unausgesprochene Frage von sich aus.

«Möchten Sie, dass ich Sie begleite?»

Johnson sagte ein wenig betreten: «Nun, ich darf es Ihnen wirklich kaum zumuten. Aber Sie wissen ja, wie das ist: Inspektor Sugden ist ein guter Polizist, genau, sorgfältig, durch und durch verlässlich, nur – Phantasie hat er nicht viel. Da Sie zufällig hier sind, würde ich natürlich gerne von Ihrer Ansicht und Ihrem Rat profitieren.»

Er hatte vor lauter Verlegenheit fast abgehackt gesprochen. Poirot erwiderte schnell:

«Ich komme mit Begeisterung. Sie können auf meine Mithilfe rechnen. Aber wir dürfen den guten Inspektor nicht beleidigen. Das ist *sein* Fall – nicht der meine. Ich werde lediglich als sachverständiger Beobachter fungieren.»

«Sie sind wirklich ein Freund, Poirot», sagte Johnson warm.

Die Versuchung

Maria betrachtete das Kind, das vor ihr in der Krippe lag. Sie war allein im Stall – bis auf die Tiere. Ihr Herz war erfüllt von stolzem Glück, als sie auf ihr Kind hinablächelte.

Da vernahm sie plötzlich Flügelrauschen, und als sie sich umwandte, erblickte sie unter der Tür einen großen Engel.

Ein Strahlen wie der Glanz der Morgensonne umgab ihn, und die Schönheit seines Antlitzes war so groß, dass Marias Augen geblendet wurden und sie den Kopf abwenden musste.

Und der Engel sprach zu ihr, und seine Stimme glich einer goldenen Posaune: «Fürchte dich nicht, Maria …»

Maria aber antwortete mit ihrer lieben, sanften Stimme: «Ich fürchte mich nicht, o Abgesandter Gottes, aber das Licht deiner Erscheinung blendet mich.»

Der Engel sprach: «Ich bin gekommen, um mit dir zu sprechen.»

Maria sagte: «So sprich. Lass mich hören, was Gott der Herr mir gebietet.»

Der Engel sprach: «Ich bin nicht mit Geboten gekommen. Aber da Gott dich besonders liebt, lässt er dich mit meiner Hilfe in die Zukunft sehen …»

Maria blickte auf ihr Kind und fragte eifrig: «In *seine* Zukunft?»

Ihr Gesicht erhellte sich in freudiger Erwartung.

«Ja», antwortete der Engel ruhig, «in *seine* Zukunft. Gib mir deine Hand.»

Maria streckte ihre Hand aus und ergriff die des Engels.

Es war, als ob eine Flamme sie berühre – eine Flamme jedoch, die sie nicht versengte. Sie schrak ein wenig zurück, und der Engel sprach erneut:

«Fürchte dich nicht, Maria. Ich bin unsterblich, und du bist sterblich, aber meine Berührung wird dir nicht wehtun.»

Dann breitete der Engel seinen mächtigen goldenen Flügel über das schlafende Kind und sprach: «Sieh in die Zukunft, Mutter, und sieh deinen Sohn …»

Maria blickte geradeaus, und die Wände des Stalles schwanden und lösten sich auf, und sie schaute in einen Garten. Es war Nacht, und die Sterne leuchteten am Himmel, und ein Mann kniete dort und betete.

Etwas regte sich in Marias Herz und sagte ihr, dass dies ihr Sohn war, der dort kniete. Dankbar sagte sie zu sich selbst: «Er ist ein guter Mensch geworden – ein frommer Mensch – er betet zu Gott.» Doch dann hielt sie plötzlich den Atem an, denn der Mann hob sein Gesicht, und sie sah den Schmerz darin, die Verzweiflung und die Trauer … Und sie wusste, dass sie größere Qualen schaute, als sie jemals gekannt oder geschaut hatte. Denn der Mann war vollkommen allein. Er betete zu Gott, betete, dass dieser Kelch der Qualen von ihm genommen werde – doch sein Gebet blieb ohne Antwort. Gott war fern und schwieg.

Und Maria schaute auf: «Warum antwortet Gott ihm nicht und tröstet ihn?»

Und sie hörte die Stimme des Engels sagen: «Es ist nicht in Gottes Ratschluss, dass er getröstet werde.»

Da beugte Maria demütig ihr Haupt und sprach: «Es ist nicht an uns, die unerforschlichen Ratschlüsse Gottes zu kennen. Aber hat dieser Mensch – mein Sohn – keine mitfühlenden, menschlichen Freunde?»

Der Engel rauschte mit seinem Flügel, und das Bild wechselte zu einem anderen Teil des Gartens, und Maria sah darin schlafende Männer liegen.

Voller Bitterkeit sagte sie: «Er braucht sie – mein Sohn braucht sie –, und sie kümmern sich nicht!»

Der Engel sprach: «Sie sind nur fehlbare menschliche Geschöpfe.»

Maria murmelte zu sich selbst: «Aber er ist ein *guter* Mensch, mein Sohn. Ein guter und aufrechter Mensch.»

Und wieder rauschte der Engelsflügel, und Maria sah einen Weg, der sich einen Hügel hinaufwand, und darauf drei Männer, die Kreuze schleppten, und eine Menge, die ihnen folgte, und römische Soldaten.

Der Engel sprach: «Was siehst du jetzt?»

Maria sagte: «Ich sehe drei Verbrecher auf dem Weg zu ihrer Hinrichtung.»

Der Mann zur Linken wandte den Kopf, und Maria sah ein grausames, verschlagenes Gesicht, einen niederen, bestialischen Kerl – und sie fuhr zurück.

«Ja», sagte sie, «es *sind* Verbrecher.»

Da aber stolperte der Mann in der Mitte und stürzte beinahe, und als er sein Gesicht hob, erkannte Maria ihn und schrie heftig auf: «Nein, nein, es kann nicht sein, dass mein Sohn ein *Verbrecher* ist.»

Aber der Engel rauschte mit seinem Flügel, und sie sah drei aufgerichtete Kreuze, und die Gestalt, die in Qualen an dem mittleren hing, war der Mann, den sie als ihren Sohn erkannte. Seine gesprungenen Lippen öffneten sich, und sie vernahm die Worte, die sie hervor brachten:

«Mein Gott, mein Gott, warum hast Du mich verlassen?»

Und Maria rief aus: «Nein, nein, das ist nicht wahr! Er kann nichts wirklich Böses getan haben. Es muss ein furchtbarer Irrtum sein. So etwas gibt es zuweilen. Man muss ihn verwechselt haben; man hat ihn für jemand anderen gehalten. Er büßt das Verbrechen eines anderen.»

Abermals rauschte der Engel mit seinem Flügel, und diesmal erblickte Maria die Gestalt des Mannes, den sie auf Erden am meisten verehrte – den Hohepriester des Tempels. Er sah edel aus, und er erhob sich, und mit würdevoller Gebärde zerriss er das Gewand, das er trug, und rief mit lauter Stimme: «Dieser Mann hat Gott gelästert.»

Und Maria blickte über ihn hinweg und sah die Gestalt des Mannes, der Gott gelästert hatte – und es war ihr Sohn.

Dann verblassten die Bilder, und da war nur die Lehmwand des Stalles, und Maria bebte und schluchzte gebrochen: «Ich kann es nicht glauben – ich *kann* es nicht glauben. Wir sind eine gottesfürchtige, rechtschaffene Familie – meine ganze Familie, und Josephs Familie auch. Und wir werden ihn sorgsam dazu erziehen, seiner Religion zu leben und den Glauben seiner Väter zu achten und zu ehren. Kein Sohn von uns könnte der Gotteslästerung schuldig sein – ich *kann* es nicht glauben! Was du mir gezeigt hast, kann nicht die Wahrheit sein.»

Doch der Engel sprach: «Sieh mich an, Maria.»

Und Maria sah ihn an und sah die Strahlen, die ihn umgaben, und die Schönheit seines Antlitzes.

Und der Engel sprach: «Was ich dir gezeigt habe, ist die Wahrheit. Denn ich bin der Morgenengel, und das Licht des Morgens ist die Wahrheit. Glaubst du mir jetzt?»

Und wider all ihren Willen erkannte Maria, dass wirklich Wahrheit war, was der Engel ihr gezeigt hatte. Sie konnte nicht mehr daran zweifeln.

Tränen strömten über ihre Wangen. Sie beugte sich über das Kind in der Krippe, die Arme ausgebreitet, wie um es zu beschützen.

«Mein Kind», schluchzte sie. «Mein kleines, hilfloses Kind, was kann ich tun, um dich zu retten? Dir das zu ersparen, was da kommen wird? Nicht nur den Kummer und den Schmerz, sondern auch das Böse, das in deinem Herzen wachsen wird? – Oh, es wäre besser, du wärest nie geboren worden oder bei deinem ersten Atemzug gestorben. Dann wärest du rein und unbefleckt zu Gott zurückgekehrt.»

Und der Engel sprach: «Deshalb bin ich zu dir gekommen, Maria.»

Maria sagte: «Was meinst du damit?»

Der Engel antwortete: «Du hast in die Zukunft gesehen. Es steht in deiner Macht zu sagen, ob dein Kind leben oder sterben soll.»

Maria beugte ihr Haupt, und unter unterdrücktem Schluchzen flüsterte sie: «Der Herr hat ihn mir gegeben … Wenn der Herr ihn mir wieder nehmen wird, so sehe ich ein, dass es barmherzig ist, und auch wenn es mein Herz zerreißt, unterwerfe ich mich Gottes Willen.»

Aber der Engel sprach sanft: «So ist es nicht. Gott gebietet es dir nicht. Die Wahl ist die deine. Du hast in die Zukunft geschaut. Wähle nun, ob das Kind leben oder sterben soll.»

Da schwieg Maria eine Weile. Sie war eine Frau, die langsam dachte. Einmal blickte sie hin zu dem Engel um Rat, aber der Engel gab ihr keinen. Er war golden und schön und unendlich fern.

Sie dachte an die Bilder, die er ihr gezeigt hatte, an die Qual in dem Garten, den schmachvollen Tod eines Mannes, der in der Stunde seines Todes von Gott verlassen war, und sie hörte erneut das schreckliche Wort *Gotteslästerung* …

Und jetzt, in diesem Augenblick, war das schlafende Kind rein und unschuldig und glücklich …

Aber sie entschied sich nicht gleich, sie dachte weiter nach, rief sich immer und immer wieder die Bilder zurück, die ihr gezeigt worden waren.

Und dabei geschah etwas Seltsames. Plötzlich erinnerte sie sich an Kleinigkeiten, die sie vorher nicht bedacht hatte. So sah sie zum Beispiel das Gesicht des Mannes an dem Kreuz zur Rechten: kein böses Gesicht, nur ein schwaches – und es war dem Kreuz in der Mitte zugewandt, und ein Ausdruck von Liebe und Vertrauen und Bewunderung lag darin.

Mit plötzlichem Erstaunen wurde Maria bewusst: «Es war *mein* Sohn, den er so anschaute...»

Und ebenso plötzlich, klar und deutlich sah sie das Gesicht ihres Sohnes, wie es auf seine schlafenden Gefährten in dem Garten herabblickte. Trauer lag darin, Mitleid und Verstehen und große Liebe... Und sie dachte: «Es ist das Gesicht eines *guten* Menschen.» Und sie sah auch noch einmal den Gerichtshof. Aber dieses Mal schaute sie nicht auf den prächtigen Hohepriester, sondern auf das Gesicht des angeklagten Mannes: In seinen Augen war kein Bewusstsein von Schuld.

Und Marias Gesicht wurde sehr verwirrt.

Da sprach der Engel: «Hast du deine Wahl getroffen, Maria? Willst du deinem Sohn Leid und Sünde ersparen?»

Und Maria sagte langsam: «Es ist nicht an mir, einem unwissenden und einfachen Weib, den hohen Ratschluss Gottes zu verstehen. Der Herr gab mir mein Kind. Wenn der Herr es mir nimmt, dann ist es *sein* Wille. Aber da Gott ihm das Leben gegeben hat, ist es nicht an mir, ihm dieses Leben zu nehmen. Denn es mag sein, dass es im Leben meines Kindes Geschehnisse gibt, die ich nicht richtig verstehe. Es mag sein, dass ich nur einen *Teil* eines Bildes gesehen habe und nicht das ganze. Das Leben meines Kindes gehört ihm, nicht mir, und ich habe kein Recht, darüber zu bestimmen.»

«Denke noch einmal nach», drängte der Engel. «Willst du mir nicht dein Kind in die Arme legen, und ich bringe es zurück zu Gott?»

«Nimm es in deine Arme, wenn dies Gottes Gebot ist», sagte Maria. «*Ich* aber werde es dir nicht hineinlegen.»

Da erhob sich ein mächtiges Flügelrauschen, und ein Blitzstrahl flammte auf, und der Engel verschwand.

Ein wenig später kam Joseph, und Maria berichtete ihm, was geschehen war. Joseph billigte, was Maria getan hatte.

«Du hast recht getan, Weib», sagte er. «Und wer weiß, vielleicht hat dieser Engel gelogen.»

«Nein», sagte Maria. «Er hat nicht gelogen.»

Mit ihrem ganzen Fühlen war sie dessen sicher.

«Ich glaube von alldem kein Wort», sagte Joseph fest. «Wir werden unseren Sohn sehr sorgsam erziehen und im Glauben unterweisen, denn es ist die Erziehung, die zählt. Er wird in meiner Werkstatt arbeiten, am Sabbat mit uns in die Synagoge gehen und alle Festtage und Gebote einhalten.»

Maria schaute in die Krippe und sagte: «Sieh nur, unser Sohn lächelt.»

Und wirklich, das Knäblein lächelte und streckte seine winzigen Hände der Mutter entgegen, als wollte es sagen: «Gut gemacht.»

Hoch droben jedoch, im blauen Himmelsgewölbe, bebte der Engel vor Hochmut und Zorn.

«Dass ich bei einem törichten, unwissenden Weib versagt habe! Aber es wird eine andere Gelegenheit geben. Eines Tages, wenn *Er* erschöpft und hungrig und schwach sein wird, werde ich ihn auf den Gipfel eines Berges führen und ihm die Königreiche dieser meiner Welt zeigen. Ich werde ihm die Herrschaft über sie alle anbieten. Er soll Städte und Könige und Völker beherrschen. Er soll die Macht haben, Krieg, Hunger und Unterdrückung ein Ende zu bereiten. Ein einziges Zeichen, dass er gewillt ist, mich anzubeten, und es soll ihm gegeben sein, Frieden und Überfluss, Zufriedenheit und guten Willen zu schaffen – sich selbst als höchste Kraft des Guten zu erkennen. *Dieser* Versuchung wird er niemals widerstehen können!»

Und Luzifer, der Sohn des Morgens, lachte in seiner Unwissenheit und seinem Hochmut laut auf und fuhr durch den Himmel wie ein brennender Feuerstrahl, hinab in die untersten Tiefen …

Im Osten aber traten drei Himmelskundige vor ihre Herren und sprachen: «Wir haben ein mächtiges Licht am Himmel gesehen. Ein großer Herrscher muss geboren worden sein.»

Doch während alle von Zeichen und Wundern flüsterten und redeten, murmelte ein sehr alter Sterndeuter: «Ein Zeichen Gottes? Gott hat keine Zeichen und Wunder nötig. Es scheint mir eher ein Zeichen Satans. Ich meine, wenn Gott zu uns kommen wollte, dann würde er ganz still kommen.»

Im Stall aber herrschte Freude und Jubel. Der Esel schrie, der Ochse brüllte, Pferde wieherten, und Männer und Frauen drängten herbei, um das Kind zu sehen, und reichten es von einem zum anderen, und es lachte und jauchzte und lächelte sie alle an.

«Seht», riefen sie. «Es liebt uns alle. Noch nie hat es solch ein Kind gegeben …»

Gold, Weihrauch und Myrrhe

Als Maria bei dem Kreuze stand
Und diese Worte im Herzen fand,
Ihre Hände sich im Weh verschlangen.
Auf Golgatha diese Worte in ihr klangen:
Gold, Weihrauch und Myrrhe…
Drei Könige knien mit Schäfern Seit an Seit,
Und Gott seine Liebe zur Menschenheit
Durch der Engel Preisen uns enthüllt,
Die im Christuskinde sich erfüllt.

Wo ist nun der Weihrauch, wo das Gold?
Nur Myrrhe und Schmerz sind Jesus noch hold.
Kein König hängt hier, nur ein Sohn in Weh und Todesnacht.
Wie soll seine Mutter Maria fassen,
Dass mit seinem Seufzer «es ist vollbracht»,
Gott seinen Sohn hat sagen lassen,
dass in diesem Moment sein Reich begann?

Gold, Frankincense and Myrrh

Gold, frankincense and myrrh… As Mary stands
Beside the Cross, those are the words that beat
Upon her brain, and make her clench her hands,
On Calvary, in noonday's burning heat.
Gold, frankincense and myrrh. The Magi kneel
By simple shepherds all agog with joy,
And Angels praising God who doth reveal,
His love for men in Christ, the new born Boy.

Where now the incense? Where the kingly gold?
For Jesus only bitter myrrh and woe.
No kingly figure hangs here – just a son
In pain and dying… How shall Mary know
That with his sigh «'Tis finished» all is told;
Then – in *that* moment – Christ's reign has begun?

Weihnachtsgruß

In der Krippe liegt das Kind;
Ochsen, Esel muhen, schreien,
Hühner gackern, Hähne krähen.
Übervoll die Herbergen sind.
Hell strahlt vom Himmel ein Stern zur Erde,
Schäfer knien bei ihrer Herde,
Weise bringen Gaben von Gold,
Und Engel künden vom Himmel herab,
Von der Liebe, der Liebe, die Gott uns gab.

Wacht auf, ihr Kinder alle,
Hört der Trompeten Schalle.
Lasst sein den Schlaf, denn dies ist der Tag,
Der glorreich gesegnete Weihnachtstag.

A Greeting

In the Manger lies the Child;
Asses, Oxen, braying, lowing,
Cackling Hens and Cocks a'crowing.
Overfull the Inn to-night,
Up above a star shines bright,
Shepherds kneel beside their fold,
Wise Men bring their gifts of Gold,
Angels in the Sky above
Trumpet forth God's gift of Love.

Waken, children, one and all,
Wake to hear the trumpet call,
Leave your sleeping, 'tis the Day,
Christmas, glorious Christmas Day!

Weihnachten auf Abney Hall

So feierte Agatha Christie als kleines Mädchen Weihnachten

Wir pflegten die Weihnachten in Cheshire bei den Watts zu verleben. Um diese Zeit bekam Jimmy seinen Urlaub, und dann fuhr er mit Madge auf drei Wochen nach St. Moritz. Er war ein sehr guter Eisläufer, und deshalb behagte ihm diese Art von Urlaub am besten. Mutter und ich pflegten nach Cheadle hinaufzufahren, und da ihr neues Haus, das Manor Lodge hieß, noch nicht fertig war, verbrachten wir die Weihnachtsfeiertage mit den alten Watts, ihren vier Kindern und Jack auf Abney Hall. Für ein Kind war es ein wunderbares Haus, um darin Weihnachten zu feiern. Es besaß nicht nur eine Unzahl von Zimmern, Gängen, unerwarteten Stufen, Vordertreppen, Hintertreppen, Alkoven, Erkern – alles, was ein Kind sich nur wünschen kann –, sondern auch eine Orgel und drei verschiedene Klaviere, welche man spielen konnte. Was dem Haus fehlte, war Tageslicht. Es war ziemlich dunkel, ausgenommen der große Salon mit seinen grünen Seidentapeten und den großen Fenstern.

Abney war ein wahres Schlemmerparadies. Mrs. Watts' so genannte Speisekammer grenzte an die Halle an. Sie hatte nichts mit Omas Speisekammer gemein, dieser uneinnehmbaren Festung, aus der nur zu gewissen Tageszeiten Lebensmittel ausgegeben wurden. Hier hatte jedermann freien Zutritt, und an den Wänden standen Regale voll mit

Näschereien aller Art. Schokolade in Tafeln, Schokoladebonbons, Kekse, Pfefferkuchen, eingemachte Früchte, Marmeladen und so weiter.

Weihnachten war das Fest aller Feste; es wird mir immer unvergesslich bleiben. Das Frühstück, wo jedes Kind schon sein Geschenk vorfand. Dann eilig zur Kirche und schnell wieder zurück, um weitere Geschenkpakete zu öffnen. Um zwei Uhr das Weihnachtsessen bei zugezogenen Vorhängen, hellem Licht und glitzernden Ornamenten. Austernsuppe (die ich nicht mochte), Steinbutt, gekochter Truthahn, gebratener Truthahn und ein riesiges Stück Roastbeef. Anschließend Plumpudding, Fleischpasteten, einen Auflauf und zum Nachtisch natürlich eine Menge köstlicher Süßigkeiten. In meinem Buch *Ein diplomatischer Zwischenfall* habe ich solch ein Festmahl ausführlich beschrieben. Es ist eines von jenen Dingen, die man in dieser Generation bestimmt nicht mehr erleben wird. Und ich bezweifle auch, dass es die Verdauung eines Menschen von heute durchstehen könnte. Unsere Verdauung allerdings stand es ausgezeichnet durch. An Verfressenheit wetteiferte ich mit Humphrey Watts, der altersmäßig nach James kam. Mit seinen einundzwanzig oder zweiundzwanzig war er etwa zehn Jahre älter als ich. Er war ein sehr gut aussehender junger Mann, dazu noch ein guter Schauspieler, unterhaltend und ein wunderbarer Geschichtenerzähler. So sehr ich dazu neigte, mich in Leute zu verlieben, in ihn verliebte ich mich nicht, was mich noch heute in Erstaunen setzt. Ich befand mich wohl noch in einem Stadium, in dem meine Affären ebenso romantisch wie unmöglich waren. Sie betrafen Personen des öffentlichen Lebens wie etwa den Bischof von London und König Alfons von Spanien, natürlich auch verschiedene Schauspieler. Ich weiß, dass ich mich unsterblich in Henry Ainley verliebte, als ich ihn in *The Bondman* erlebte.

Humphrey und ich aßen uns gewissenhaft durch das Weihnachtsdinner. Die Runde der Austernsuppe entschied er für sich, von da an aber ging es Kopf an Kopf. Beide aßen wir zuerst Truthahnbraten, dann gekochten Truthahn und schließlich vier oder fünf gewaltige Scheiben Roastbeef. Danach machten wir uns über den Plumpudding, die Fleischpasteten und den Auflauf her. Danach gab es Kekse, Trauben, Orangen und eingemachte Früchte. Am Nachmittag schließlich holten wir aus der Speisekammer noch einige Hand voll Pralinen, die uns besonders zusagten. War mir am nächsten Tag übel? Hatte ich Gallenbeschwerden? Nicht die Spur. Beschwerden hatte ich im September, wenn ich unreife Äpfel aß. Unreife Äpfel aß ich praktisch täglich, aber gelegentlich tat ich wohl des Guten zu viel.

Ich erinnere mich noch, welch ein Theater ich aufführte, als ich sechs oder sieben war und Pilze gegessen hatte. Um elf Uhr nachts wachte ich mit Schmerzen auf und stürzte in den Salon hinunter, wo meine Eltern mit Freunden zusammensaßen, und verkündete in dramatischem Ton: «Ich werde sterben! Ich habe mich mit Pilzen vergiftet!» Mutter beruhigte mich schnell, gab mir ein paar Schluck Brechwurzwein zu trinken – der in jenen Tagen in allen Medizinkästchen zu finden war – und versicherte mir, dass ich heute noch nicht sterben würde.

Jedenfalls erinnere ich mich nicht, zu Weihnachten jemals krank gewesen zu sein. Mit Nan Watts war es das Gleiche, sie hatte einen unverwüstlichen Magen. Und wenn ich so zurückdenke, muss ich sagen, dass damals alle Leute recht gute Mägen hatten. Ich nehme an, dass manche Menschen Magen- oder Zwölffingerdarmgeschwüre hatten und aufpassen mussten, aber ich kann mich nicht erinnern, dass einer nur von Fisch oder Milch gelebt hätte. Eine bäurische, gefräßige Zeit? Ja, aber auch eine Zeit des Lebensgenusses und der Lebensfreude. Wenn ich bedenke, was ich in meiner Jugend gefuttert habe – denn ich war immer hungrig –, kann ich einfach nicht verstehen, wie ich es schaffte, so mager zu bleiben – eine richtige Hopfenstange.

Nach der wohltuenden Untätigkeit des Weihnachtsnachmittags – Untätigkeit für die Älteren; die Jungen lasen, besahen sich ihre Geschenke, knabberten Schokolade – gab es einen herrlichen Tee mit einer großen, mit Zuckerglasur überzogenen Weihnachtstorte und alles Mögliche dazu, und ein Abendessen, bestehend aus kaltem Truthahn und heißen Fleischpasteten. Gegen neun Uhr wurde der Weihnachtsbaum angezündet, an dem noch mehr Geschenke hingen. Ein wunderbarer Tag, an den man sich noch lange zurückerinnerte – bis zum nächsten Weihnachtsfest.

Auch während des Jahres kam ich mit Mutter nach Abney Hall, und es war immer wunderschön. Im Garten, unter der Auffahrt, gab es einen Tunnel, der mir für das historische Drama, das ich gerade im Geiste über die Bühne gehen ließ, von großem Nutzen war. Gestikulierend stolzierte ich dort herum und murmelte vor mich hin. Sicherlich dachten die Gärtner, ich wäre nicht ganz normal, aber ich versuchte nur, mich in meine Rolle hineinzuversetzen. Es kam mir nie in den Sinn, etwas aufzuschreiben – und was die Gärtner von mir dachten, interessierte mich herzlich wenig. Gelegentlich spaziere ich auch heute noch in der Gegend herum und murmle vor mich hin – wobei ich versuche, ein Kapitel, das nicht so recht vorangeht, «hinzukriegen».

Meine schöpferischen Kräfte entfaltete ich auch bei Sofakissen, die damals weit verbreitet waren. Daher waren bestickte Kissenüberzüge stets willkommen. In den Herbstmonaten war ich mit Feuereifer beim Sticken. Anfangs pflegte ich Abziehbilder zu kaufen, übertrug sie mit einem heißen Bügeleisen auf Satin und stickte dann mit Seide nach. Später kam ich von den Abziehbildern ab, weil es immer die gleichen Motive waren, und ich fing an, Blumenbilder von Porzellan zu kopieren. Wir hatten einige große Berliner- und Dresdnervasen mit wunderschönen Blumensträußen darauf; ich pauste sie ab, übertrug sie auf Satin und versuchte die Farben so getreu wie möglich nachzuahmen. Oma B. war sehr froh, als sie davon hörte; sie hatte in ihrem Leben so viel gestickt, dass ihr der Gedanke, eine Enkelin folge ihr auf diesem Wege, große Freude machte. Ihre eigene Kunstfertigkeit erlangte ich allerdings nicht, ich konnte nie so perfekt Landschaften und Figuren sticken wie sie. Ich besitze zwei Ofenschirme von ihr, beide exquisit gearbeitet: einen mit einer Schäferin, einen anderen mit einem Schäferpaar unter einem Baum, in dessen Rinde sie ein Herz schnitzen. Wie befriedigend muss doch diese Beschäftigung an den langen Winterabenden für die großen Damen zur Zeit der Wandteppiche von Bayeux gewesen sein!

Mr. Watts, Jimmys Vater, war ein Mensch, in dessen Gegenwart mich eine seltsame Scheu befiel. Er pflegte mich «Traumkind» zu nennen – ich wand mich jedes Mal vor Verlegenheit. «Woran denkt jetzt unser Traumkind?», pflegte er zu sagen. Ich wurde puterrot im Gesicht. Oft bat er mich, ihm irgendwelche sentimentalen Lieder vorzuspielen und vorzusingen. Ich konnte ganz gut Noten lesen, und so schleppte er mich zum Klavier, und ich musste ihm seine Lieblingslieder singen. Er war ein künstlerisch veranlagter Mensch und malte Landschaften mit Mooren und Sonnenuntergängen. Er war auch ein großer Möbelsammler, und seine Spezialität waren alte Eichenmöbel. Zusammen mit seinem Freund Fletcher Moss machte er auch gute Aufnahmen und veröffentlichte mehrere Bildbände mit Fotografien berühmter Häuser. Ich wollte, ich wäre ihm gegenüber nicht so schüchtern gewesen, aber ich war ja in einem Alter, in dem man ganz besonders gehemmt ist.

Viel lieber mochte ich Mrs. Watts. Sie war ein erfrischend lebhafter, durch und durch wirklichkeitsnaher Mensch. Nan, die zwei Jahre älter war als ich, gefiel sich in der Rolle eines *enfant terrible* und hatte besondere Freude daran, zu schreien, ungezogen zu sein und hässliche Worte zu gebrauchen. Es schmerzte Mrs. Watt, wenn Nan ihre «verflucht!» und «verdammt!» abfeuerte. Sie mochte es auch nicht leiden, wenn ihre Tochter auf Vorhaltungen mit «Ach, sei doch nicht so dumm, Mutter!» reagierte. Nie hätte sie sich gedacht, dass eine Tochter so zu ihrer Mutter sprechen könnte, aber in der Welt war eine Zeit angebrochen, wo man offen und unverblümt miteinander redete. Nun ja, die meisten Mütter müssen so ein Stadium durchmachen, in dem ihre Töchter sie auf diese oder jene Weise in eine harte Schule schicken.

Am zweiten Feiertag besuchten wir immer das Weihnachtsspiel in Manchester – und es waren ausgezeichnete Weihnachtsspiele. Auf der Heimfahrt im Zug sangen wir noch einmal alle Lieder durch, die wir gehört hatten.

Das Weihnachtsspiel in Manchester war nicht mein erstes. Oma hatte mich schon einmal ins Drury-Lane-Theater geführt. Dan Leno spielte die Märchenerzählerin. Ich kann mich noch gut an dieses Weihnachtsspiel erinnern. Ich träumte noch wochenlang von Dan Leno – für mich war er der wunderbarste Mensch, den ich kannte. Auch ein aufregender Zwischenfall ereignete sich an jenem Abend. In der Hofloge saßen die zwei kleinen Prinzen. Prinz Eddy, wie das Volk ihn nannte, ließ sein Programm und sein Opernglas über die Logenbrüstung fallen. Die Dinge fielen ins Parkett ganz nahe bei unserem Platz, und – welches Entzücken! – es kam nicht ein Beamter des königlichen Haushalts, um die Dinge heraufzuholen, sondern Prinz Eddy persönlich. Er entschuldigte sich sehr höflich und sagte, er hoffte, er hätte niemanden verletzt.

Bevor ich an jenem Abend einschlief, schwelgte ich in Phantasien:

Eines Tages würde ich Prinz Eddy heiraten. Vielleicht könnte ich ihn noch vorher vor dem Ertrinken retten … Die dankbare Königin würde ihre königliche Einwilligung geben. Oder vielleicht würde sich ein Unfall ereignen – es bestand die Gefahr, dass er verbluten könnte, und ich willigte in eine Bluttransfusion ein. Ich würde in den Adelsstand erhoben werden, und wir würden eine morganatische Ehe schließen. Aber selbst für eine Sechsjährige waren solche Phantasien ein wenig zu phantastisch, um von Dauer zu sein.

Im Alter von vier Jahren dachte sich mein Neffe Jack eine wirklich vorteilhafte königliche Verbindung aus. «Angenommen, Mutti», sagte er, «du würdest König Eduard heiraten. Dann würde ich Mitglied der königlichen Familie werden.» Meine Schwester meinte, man müsse an die Königin denken und letztlich auch an Jacks eigenen Vater. Jack fand die Lösung: «Angenommen, die Königin würde sterben, und angenommen, Vati …», er senkte taktvoll die Stimme – «angenommen, Vati wäre nicht da, und angenommen, König Eduard würde … würde dich sehen und …», er brach ab und überließ den Rest unserer Vorstellung. Offenbar würde sich der König bis über beide Ohren verlieben und Jack im Nu sein Stiefsohn sein.

«Ich habe während der Predigt im Gebetbuch geblättert», vertraute Jack mir ein Jahr später an. «Ich habe nämlich daran gedacht, dich zu heiraten, wenn ich groß bin, aber da ist so ein Verzeichnis in der Mitte, und da steht, dass der Herr es mir nicht erlauben wird.» Er seufzte. Es wäre sehr schmeichelhaft für mich, sagte ich, dass er an mich gedacht hätte.

Es ist wirklich erstaunlich, wie konsequent Menschen in ihren Einstellungen sind. Seit der Zeit, da er mit einem Kindermädchen auf die Straße ging, hegte Jack brennendes Interesse für alles Kirchliche. Wenn man ihn aus den Augen verlor, fand man ihn gewöhnlich in einer Kirche wieder, wo er selbstvergessen zum Altar hinaufstarrte. Bekam er farbiges Plastilin zum Spielen, so formte er daraus immer wieder Kruzifixe, Triptychons oder irgendwelche ekklesiastischen Verzierungen. Römisch-katholische Kirchen faszinierten ihn ganz besonders. Er änderte nie seinen Sinn und las mehr Kirchengeschichte als sonst jemand. Mit dreißig Jahren trat er in die römisch-katholische Kirche ein, ein schwerer Schlag für meinen Schwager, der für mich den Inbegriff eines «schwarzen Protestanten» darstellte. «Ich bin nicht voreingenommen», sagte er mit seiner sanften Stimme, «ich bin wirklich nicht voreingenommen. Ich muss nur immer wieder feststellen, dass die Katholiken allesamt schreckliche Lügner sind. Das ist kein Vorurteil, es ist einfach so.»

Auch Oma war eine typische schwarze Protestantin und genoss so richtig die Verruchtheiten der Baptisten. «Alle diese schönen Mädchen, die in den Klöstern verschwinden», sagte sie mit geheimnisumwitterter Stimme, «und man sieht sie nie wieder!» Ich könnte schwören, sie war überzeugt, dass alle Priester ihre Mätressen aus Spezialklöstern für schöne Mädchen bezogen.

Die Watts waren Nonkonformisten, Methodisten, glaube ich, was dazu geführt haben mag, dass sie alle Katholiken als Nachkommen der «Großen Hure von Babylon» ansahen. Wo Jack seine Passion für die römisch-katholische Kirche her hatte, kann ich mir nicht vorstellen. Er scheint sie von niemandem in seiner Familie geerbt zu haben, aber sie war immer vorhanden, schon in seinen Kinderjahren. Einer seiner Freunde sagte einmal zu ihm: «Ich weiß wirklich nicht, Jack, warum du nicht ein fröhlicher Ketzer sein kannst wie wir alle. Es würde so viel friedlicher sein.»

Friedlich zu sein, das war wohl das Letzte, was Jack sich je vorstellen konnte. Wie ein Kindermädchen einmal sagte, nachdem sie ihn eine ganze Weile hatte suchen müssen: «Was Jack veranlasst, in die Kirchen zu laufen, das werde ich nie verstehen.» Meine persönliche Meinung ist, er muss die Reinkarnation eines mittelalterlichen Kirchenvaters gewesen sein. Als er älter wurde, bekam er ein Gesicht wie das eines Kirchenvaters – nicht das eines Mönches und auch nicht das eines Schwärmers – das eines in allen ekklesiastischen Belangen versierten Mannes, der auf dem Konzil von Trient eine gute Figur gemacht haben würde – und der jederzeit die genaue Zahl von Engeln nennen konnte, die auf dem Kopf einer Stecknadel Platz fanden.

Ein typisch englisches Weihnachtsessen

Das Weihnachtsmahl

(Aus einem alten englischen Familienkochbuch)

Zum Hauptgang mag Ihre Wahl auf einen Truthahn oder eine Gans fallen, vor allem, wenn Ihnen jemand jedes Jahr ein solches Tier zum Geschenk macht. Ein kleiner Truthahn ist keine gute Errungenschaft, weil er so viele Knochen hat. Wenn also die Familie oder die Tischgesellschaft nur klein ist und Sie sich für Geflügel entschieden haben, nehmen Sie lieber Huhn oder Fasan.

Für eine große Familie kann ein großer Rindsbraten – zu dieser Jahreszeit am allerbesten – an die Stelle von Geflügel treten, eine Lammkrone oder ein gefüllter Kalbsbraten, der mit all den Ingredienzen wie ein Truthahn gefüllt und serviert wird: Hackfleischbällchen, Schinkenrollen, Preiselbeersauce. Auch ein Schweinebraten ist zu empfehlen oder eine Schweinelende gefüllt wie eine Gans, serviert mit Apfelsauce. Man kann daraus genauso viele Portionen gewinnen wie von einer Gans.

Der Truthahn kann mit Kräutern, Wurstmasse, Sellerie oder Kastanien gefüllt werden, dazu serviert man Schinken, Speck oder Würste mit Brot, Preiselbeersauce und Gänsekleinsauce.

Braten Sie eine Gans, so geben geschälte, entkernte Äpfel der Zwiebel-Salbeifüllung eine besondere Note. Preiselbeersauce schmeckt übrigens genauso gut zu Gans wie zu Truthahn und ergibt neue Varianten, wenn zur Füllung Äpfel verwendet werden. Als Beilage wählen Sie am besten Kartoffeln, die Sie in der Schale backen. So sparen Sie einen Topf und die Zeit zum Schälen. Nehmen Sie mittelgroße Kartoffeln, wenn Sie sie kochen oder im Bratenfett anbraten wollen.

Rosenkohl wird meist mit Geflügel oder Wild serviert. Auch geschmorter Sellerie schmeckt sehr gut dazu.

Kraut, Wirsing oder Pastinaken (Parsnips) isst man mit Schwein, Blumenkohl mit Rind oder Kalb.

Als Süßspeise werden Sie wahrscheinlich Plumpudding wählen, obwohl auch etwas Leichtes wie Wackelpudding oder ein süßer Auflauf für die Kleinen und andere, die das vorziehen, bereitstehen sollte.

Nehmen Sie sich reichlich Zeit, den Plumpudding zu erhitzen – zwei bis drei Stunden, je nach Größe. Stecken Sie die Glücksbringer erst hinein, wenn er gestürzt ist. Man kann sie leicht hineindrücken und so besser verteilen. Wenn Sie den Pudding flambieren wollen, gießen Sie etwas Brandy oder Whisky darüber und zünden Sie ihn, kurz bevor er in den Essraum getragen wird, an.

Welche Sauce man mit dem Pudding serviert, ist eine reine Geschmacksfrage. Brandy- oder Rumbutter ist leicht gemacht und braucht nur wenig Alkohol; eine gute Vanillesauce (Custard) oder Schlagsahne ist genauso beliebt.

Das Dessert, der letzte Gang, sollte so festlich sein, wie Sie es sich leisten können. Arrangieren Sie bunte Früchte mit grünen Blättern oder Zweigen in einer Schüssel. Eine Ananas gibt einen sehr hübschen, wenn auch etwas teureren Nachtisch. Eingelegte Früchte, Mandeln, Rosinen, gefüllte Datteln und Feigen und selbst gemachte Süßigkeiten ergänzen das Dessert.

Auf dem weihnachtlichen Teetisch nimmt der Weihnachtskuchen den Ehrenplatz ein. Kleine warme Kuchen (Scones) und Plätzchen sind ebenfalls beliebt. Die Weihnachts-Gastgeberin ist gut beraten, keinen zu umfangreichen Tee nach einem reichen Mittagessen vorzubereiten.

Das Abendessen beginnen Sie am besten mit einer guten Suppe – Geflügel- oder Gemüsesuppe –, gefolgt von kalten Platten mit Salaten, die Sie vorher zubereiten können. Sellerie, Äpfel und Rote Bete sind eine gute Mischung.

Zum Nachtisch bieten Sie heiße Pfefferminzpastetchen, Früchtepudding, Fruchtsalat oder Creme an und zum Abschluss Käse und Kekse.

Weihnachts-Menü

Ochsenschwanzsuppe

*

Lammkrone
mit Mintsauce

*

Christmas Pudding
mit
Vanillesauce
oder
Brandy Butter

Ochsenschwanz-Suppe

(für 4 Personen)

Zutaten: Ein halber Ochsenschwanz in Stücken (dünnes Ende), 1 Zwiebel, 1 Karotte, 1 kleine weiße Rübe, ½ Sellerieknolle, 1 Prise Muskatblüte, 1 kleines Bündel Kräuter, 6 Pfefferkörner, 2 Nelken, 3 Esslöffel ausgelassenes Fett, 1½ Liter Wasser, 30 Gramm Butter, 1 Esslöffel Mehl, Salz und Pfeffer.

Zuerst wird der Ochsenschwanz blanchiert (die einzelnen Stücke mit einer Prise Salz kurz aufkochen. Wasser abgießen, die Stücke einen Moment mit kaltem Wasser abspülen, abtrocknen).

Den Esslöffel Mehl mit Salz und Pfeffer würzen, die Ochsenschwanzstücke darin wälzen. Das ausgelassene Fett (oder Bratensoßenwürfel) in einer Pfanne auflösen und die Ochsenschwanzstücke darin bräunen. Ständig wenden, so dass beide Seiten braun werden. Das Wasser zugießen und zum Kochen bringen. Den Schaum abschöpfen.

Die Gemüse in kleine Stücke schneiden und mit den Kräutern und Gewürzen in ein Mullsäckchen binden. Das Ganze mit Salz und Pfeffer würzen und 3 ½ Stunden in der Suppe simmern lassen. Die Brühe durch ein Sieb abgießen, das Fleisch zur Seite stellen. Die Gemüse durch ein Sieb passieren, das Fett von der Brühe abschöpfen, das Gemüsepüree beigeben. Etwas Mehl mit etwas ausgelassenem Fett mischen. Die Suppe erhitzen, das Gemisch beifügen, gut verrühren und fünf Minuten kochen lassen. Das Fleisch wieder beigeben und die Suppe heiß servieren. Um den Geschmack noch zu verbessern, ein Weinglas Sherry beigeben.

Lammkrone mit Mintsauce

(4 bis 6 Personen)

Zutaten: 1 Lammkrone, ca. 1,5 kg, Salz, Pfeffer, Bratbutter.

Die Lammkrone rechtzeitig beim Metzger bestellen, der dieses Endstück vom Nacken auch in die richtige Form bringt. Das Fleisch zwei bis drei Stunden vor dem Zubereiten aus dem Kühlschrank nehmen und bei Raumtemperatur stehen lassen. Den Ofen auf 225 Grad vorheizen. Die Knöchelchen der Krone einzeln mit Speckscheiben oder mit Alufolie umwickeln, damit sie nicht verbrennen.

Die Krone mit Mehl bestäuben und mit Salz und Pfeffer würzen. Die in einem Pfännchen erhitzte Bratbutter darüber gießen. Die Krone auf Bratblech oder in einem Bräter 10 bis 15 Minuten anbraten lassen, dann die Hitze auf ca. 100 Grad reduzieren und ca. 50 Minuten im Ofen weiterbraten lassen. Es ist äußerst wichtig, die Hitze nach spätestens einer Viertelstunde zu reduzieren, da sonst das Fleisch trocken wird.

Vor dem Servieren die Specktranchen oder Alufolie entfernen und die einzelnen Knochen mit einer gefransten Papiermanschette versehen.

Als Beilage reicht man auf dem Blech oder im Bräter mitgebratene kleine Kartoffeln, zarte Bohnen, Karotten und Erbsen. So man sie bekommt, auch die typisch englischen Parsnips (Pastinaken oder Krautwurzeln), die wie Karotten gekocht und in einer Rahmsauce serviert werden.

Mintsauce

Zutaten: 1 Bund Minze, 0,5 dl Wasser, 3 Teelöffel Rohzucker, 8 bis 10 Esslöffel Weißweinessig.

Die Minzenblätter abzupfen und fein hacken. In eine Chromstahlschüssel geben. Das Wasser mit dem Rohzucker erhitzen (nicht kochen!), bis sich der Zucker auflöst. Über die gehackte Minze gießen und sehr gründlich vermischen. Den Essig darüber träufeln und das Ganze zwei bis drei Stunden zugedeckt stehen lassen, damit sich das Aroma entwickeln kann. Zur Lammkrone servieren.

Christmas Pudding

(üppige Version)

Zutaten: 200 Gramm Rosinen, 200 Gramm Sultaninen, 200 Gramm Korinthen, 100 Gramm Zitronenschale, 100 Gramm kandierte Zitronenschale, 1 Zitrone, 200 Gramm Orangenmarmelade, 200 Gramm Mehl, 200 Gramm Brotkrumen, 200 Gramm Butter, 1 Teelöffel Salz, 1 Teelöffel gemischtes Lebkuchengewürz, je 1/4 Teelöffel Zimt und gemahlener Ingwer, 50 Gramm süße Mandeln, 3 Eier, 1/4 Liter Milch, 1 Teelöffel Backpulver, 200 Gramm brauner Zucker.

Der Pudding sollte mindestens einen Monat vor Weihnachten gemacht werden. Die Masse ergibt zwei mittelgroße Puddings für je vier bis sechs Personen oder einen großen für zehn bis zwölf Personen.

Die Rosinen halbieren, die Sultaninen und Korinthen reinigen. Nicht nass machen, besser mit etwas Mehl in einem Sieb hin- und herschütteln.

Die kandierte Zitronenschale zerkleinern, die Mandeln schälen und klein hacken. Mehl, Salz, Gewürze und Backpulver mischen und fein durchsieben. Alle trockenen Zutaten mit der weichen Butter zusammenkneten, bis es eine glatte Masse ergibt. Das Gelbe der Zitrone abreiben, den Saft durchsieben, dazugeben. Die Marmelade und die gut verschlagenen Eier daruntermengen. Gut rühren, während man die Milch dazugießt. Mit einem Tuch bedecken und bis zum nächsten Tag stehen lassen. Dann die vorbereitete Puddingform mit der Masse füllen, mit Backpapier, dann mit einem Tuch bedecken, zubinden und zehn Stunden im Wasserbad simmern lassen. An einem kalten, trockenen, luftigen Ort aufbewahren.

Christmas Pudding

(Einfache Version)

Zutaten: 350 Gramm trockenes Weißbrot ohne Kruste, 100 Gramm Rosinen oder gehackte Datteln, 100 Gramm Korinthen, 30 Gramm kandierte Früchte, 50 Gramm Zucker, 1 Ei, 100 Gramm Butter, 1 gestrichener Teelöffel geriebene Muskatnuss.

Brot in Würfel schneiden, etwa 10 Minuten in Wasser einweichen, ausdrücken und mit den anderen Zutaten mischen. In eine gut eingefettete Backform geben, mit Folie abdecken. Bei hoher Temperatur ½ Stunde backen. Dann die Hitze reduzieren und weitere zwei Stunden im Ofen lassen und dort abkühlen lassen. Kann wieder erwärmt oder kalt serviert werden.

Ursprünglich wurde dieser Christmas Pudding am Ende des Backtages beim Bäcker gebacken und dann über Nacht im Ofen gelassen.

Einfacher Weihnachtspudding

Zutaten: 200 Gramm Brotkrumen, 200 Gramm Rosinen, 200 Gramm Sultaninen, 100 Gramm kandierte Früchte, 200 Gramm brauner Zucker, 4 Eier, 2 Esslöffel Milch, 150 Gramm Butter, 1 kleines Glas Brandy, 1 Teelöffel Lebkuchengewürze.
(Der Brandy ist nicht unbedingt notwendig, der Pudding wird auch ohne sehr gut.)

Alle trockenen Zutaten zusammenmischen. Eigelb und Eiweiß getrennt schlagen. Zu den trockenen Zutaten hinzufügen, die Milch und den Brandy beigeben, vermischen.

In feuerfeste Glasschüssel füllen, mit Backpapier, dann mit einem Tuch bedecken, zubinden. Den Pudding sechs Stunden im Wasserbad simmern lassen.

Vanillesauce

(Boiled Custard)

Zutaten: 1/2 Liter Milch, 3 Eier, 30 Gramm Zucker, Vanille-Essenz.

Die Eier schlagen, die Milch kochen und langsam über die geschlagenen Eier gießen. Zucker und Vanille-Essenz nach Geschmack einrühren. Die Mischung in eine Kanne füllen, die Kanne in ein Wasserbad stellen und die Masse rühren, bis sie dick und cremig wird.

Brandy-Butter

Zutaten: 50 Gramm Butter, 100 Gramm Puderzucker, 1 großer Esslöffel Brandy.

Den Zucker fein durchsieben, die Butter schlagen, bis sie weich und cremig ist, dann den Zucker einarbeiten. Ständig schlagen.

Dann langsam den Brandy zugeben. Wenn alles gut vermischt ist, an einen sehr kalten Ort stellen, bis die Masse fest wird. Brandy-Butter wird mit dem traditionellen Christmas Pudding serviert.

Chocolate Brownies

Zutaten: 80 Gramm Margarine, 60 Gramm Kochschokolade, 2 geschlagene Eier, 150 Gramm brauner Zucker, 1 Teelöffel Vanille-Essenz, 50 Gramm gehackte Nüsse, 90 Gramm Mehl, 1/2 gestrichener Teelöffel Backpulver.

Backblech einfetten oder mit Backpapier auslegen. Margarine und Schokolade im Wasserbad schmelzen, abkühlen lassen. Die Eier, den Zucker, die Nüsse und die Vanille-Essenz darunterrühren. Alles gut vermengen. Mehl und Backpulver fein sieben und in die Masse kneten. Etwa 40 Minuten backen, abkühlen lassen. Noch warm mit braunem Zucker besprenkeln. Nach Erkalten in viereckige Stücke schneiden.

Glühwein

Zutaten: Eine Flasche Rotwein, ein halbes Glas Port oder Brandy, eine Prise Lebkuchengewürze, eine Prise gemahlenen Zimt, eine Prise gemahlene Gewürznelken, Orangen- und Zitronenscheiben, Zucker zum Süßen.

Alle Zutaten in einem Topf langsam auf den Siedepunkt bringen. In vorgewärmten Gläsern servieren.

Hercule Poirot und der Plumpudding

(Variation I)

Ich bedauere außerordentlich –», sagte Hercule Poirot.

Man unterbrach ihn; allerdings nicht grob, sondern zuvorkommend liebenswürdig, geschickt. Man versuchte ihn eher zu überreden, als ihm zu widersprechen.

«Bitte, lehnen Sie nicht von vornherein ab, Monsieur Poirot. Es geht hier um wichtige Staatsangelegenheiten. Ihre Mitarbeit wird in höchsten Kreisen Anerkennung finden.»

«Sie sind zu gütig», winkte Hercule Poirot ab, «aber ich kann Ihrer Bitte auf keinen Fall Folge leisten. Während dieser Jahreszeit –»

Mr. Jesmond unterbrach ihn wieder. «Während der Weihnachtszeit ...» Er suchte nach einem Köder. «Während eines traditionellen Weihnachtsfestes auf dem Lande –»

Hercule Poirot schüttelte sich. Die Vorstellung, die Weihnachtszeit in England auf dem Lande verbringen zu müssen, reizte ihn gar nicht.

«Ein schönes, geruhsames Weihnachtsfest», wiederholte Jesmond noch einmal mit Nachdruck.

«Ich – ich bin kein Engländer», antwortete Hercule Poirot. «Weihnachten ist in meiner Heimat ein Fest für Kinder. Wir Erwachsenen feiern hauptsächlich den Jahreswechsel.»

«Aha», sagte Jesmond. «In England ist Weihnachten etwas ganz

Besonderes. Ich verspreche Ihnen, Sie werden in Kings Lacey ein so schönes Weihnachtsfest erleben, wie Sie es noch nirgends besser erlebt haben. Wissen Sie, in einem wundervollen, alten Haus – ein Flügel des Hauses stammt sogar aus dem 14. Jahrhundert.»

Poirot schüttelte sich abermals. Der Gedanke an ein englisches Herrenhaus aus dieser Zeit weckte unangenehme Erinnerungen in ihm. Er hatte zu oft in alten englischen Landhäusern gefroren. Er sah sich dankbar in seiner modern eingerichteten, gemütlichen Wohnung um. Hier gab es Heizöfen und die neuesten technischen Errungenschaften, die jegliche Zugluft verbannten.

«Im Winter», sagte er fest entschlossen, «bleibe ich in London.»

«Ich glaube, Sie sind sich nicht darüber im Klaren, dass es sich um eine sehr wichtige Angelegenheit handelt, Monsieur Poirot.»

Jesmond sah seinen Begleiter an. Dann wandte er sich wieder Poirot zu. Dessen zweiter Besucher hatte bisher nur zwei höfliche, alltägliche Begrüßungsworte gemurmelt: «Guten Tag.» Er saß da und starrte auf seine gut geputzten Schuhe. Äußerste Niedergeschlagenheit zeichnete sein kaffeebraunes Gesicht. Er war noch jung, nicht älter als dreiundzwanzig Jahre. Man sah ihm deutlich an, dass er sich elend fühlte.

«Ja, ja», sagte Hercule Poirot. «Natürlich handelt es sich um eine ernste Sache. Ich beurteile die Lage durchaus richtig. Seine Hoheit können meines aufrichtigen Mitgefühls versichert sein.»

«Die Lage ist mehr als heikel.»

Poirot wandte seinen Blick von dem jungen Mann ab und blickte wieder dessen älteren Begleiter an. Hätte man Jesmond mit einem Wort charakterisieren wollen, dann mit der Bezeichnung «zurückhaltend». Alles an Jesmond war zurückhaltend – seine gut geschnittene, unauffällige Kleidung; seine angenehm disziplinierte, geschulte Stimme, die selten ihren wohltuend-monotonen Klang veränderte; sein hellbraunes Haar, das sich an den Schläfen schon etwas lichtete; sein blasses, ernstes Gesicht.

«Wie Sie wissen», erläuterte Poirot, «kann die Polizei sehr verschwiegen sein.»

Jesmond schüttelte energisch den Kopf.

«Nein, die Polizei auf keinen Fall! Um das – um das, was wir wiederhaben wollen, zurückzubekommen, wird es wohl unvermeidlich sein, Prozesse zu führen. Doch wir haben noch keine Handhabe. Wir hegen zwar einen bestimmten Verdacht, wissen aber nichts Genaues.»

«Seien Sie meines Mitgefühls versichert», sagte Hercule Poirot noch einmal.

Wenn er annahm, dass sich seine beiden Besucher damit zufrieden geben würden, täuschte er sich. Sie wollten kein Mitgefühl, sie wollten praktische Hilfe. Jesmond begann erneut die Vorzüge eines englischen Weihnachtsfestes aufzuzählen.

«Ein wirklich traditionelles Weihnachtsfest wird nur noch selten gefeiert. Heute begehen viele Leute das Fest in Hotels. Ein Weihnachten aber – mit versammelter Familie, mit den Kindern, die sich mit ihren Strümpfen voller Geschenke beschäftigen, mit dem Christbaum, mit Truthahn und Plumpudding, den Weihnachtsplätzchen und dem Schneemann draußen vor dem Fenster ...»

Hercule Poirot unterbrach ihn. Er liebte Genauigkeit.

«Um einen Schneemann zu bauen, braucht man Schnee», sagte er mit ernster Miene. «Man kann selbst für ein wirklich englisches Weihnachtsfest keinen Schnee bestellen.»

«Ich sprach heute Vormittag mit einem meiner Freunde aus dem meteorologischen Institut. Er erzählte mir, dass wir Weihnachten wahrscheinlich Schnee haben werden.»

Das hätte er nicht sagen sollen. Es schauderte Hercule Poirot noch heftiger als zuvor.

«Schnee auf dem Land! Das wäre ja furchtbar. Und dann noch in einem großen, uralten Herrenhaus aus Stein.»

«Das ist nicht schlimm. Es hat Zentralheizung. Man heizt mit Öl.»

«Es gibt in Kings Lacey eine Zentralheizung?», fragte Poirot.

Jesmond nutzte die Gelegenheit. «Ja, bestimmt, es ist eine ausgezeichnete Warmwasserheizung. In jedem Schlafzimmer stehen Heizkörper. Ich versichere Ihnen, mein lieber Monsieur Poirot, Kings Lacey ist der Komfort schlechthin für den Winter. Es könnte sogar sein, dass es Ihnen zu warm wird.»

«Das ist unwahrscheinlich.»

Jesmond änderte das Thema. Erfahrung hatte ihn klug gemacht. In vertraulichem Ton fuhr er fort: «Sie können sicherlich verstehen, in welchem Dilemma wir uns befinden.»

Hercule Poirot nickte. Es war tatsächlich kein leichtes Problem … Ein junger Thronanwärter war vor einigen Wochen nach London gekommen. Er war der einzige Sohn. Sein Vater regierte ein reiches, politisch wichtiges Land, in dem zur Zeit Unruhe und Unzufriedenheit herrschten. Obwohl die Untertanen dem Vater, der seine orientalischen Lebensgewohnheiten nicht ablegen konnte, die Treue hielten, hegten sie dem Sohn gegenüber ein gewisses Misstrauen. Die Dummheiten, die er beging, waren kennzeichnend für seine westliche Erziehung und erregten öffentliches Missfallen.

Vor einiger Zeit hatte man seine Vermählung angekündigt. Er sollte eine Kusine heiraten. Sie war jung. Obwohl sie in Cambridge studiert hatte, vermied sie es, in ihrer Heimat westliche Einflüsse in ihrem Benehmen zu zeigen.

Nachdem der Tag der Hochzeit bekannt gegeben worden war, reiste der junge Prinz nach England. Er nahm einige berühmte Juwelen seines Hauses mit, um sie von der Firma Cartier umarbeiten zu lassen. Die Edelsteine sollten eine geeignete, moderne Fassung erhalten. Unter diesen Steinen befand sich auch ein sehr berühmter Rubin, den man aus einer schwerfälligen, altmodischen Halskette gelöst hatte. Durch die Kunst der Juweliere sollte der Stein ein völlig neues Aussehen erhalten. Soweit war alles in Ordnung. Schwierigkeiten traten erst später auf…

Dass sich ein reicher, fröhlicher, junger Mann ein paar amüsante Abenteuer leisten würde, hätte man sich denken können. Niemand hätte ihm das verübelt. Es wäre als natürlich und normal empfunden worden, wenn der Prinz mit einer Freundin die Bond Street entlanggebummelt wäre und ihr für die Freuden, die sie ihm gewährte, ein Smaragdarmband oder eine Brillantbrosche geschenkt hätte. Das entsprach den Cadillacs, die sein Vater jeweils seinen Geliebten schenkte.

Der junge Prinz handelte aber viel unüberlegter. Er zeigte einer Dame, deren Interesse ihm schmeichelte, den Rubin in seiner neuen Fassung. Und der Prinz war so unklug, ihr die Bitte zu erfüllen, einen Abend lang das Schmuckstück tragen zu dürfen. Das Nachspiel war vorauszusehen und folgenschwer. Die Dame war während des Abendessens aufgestanden und hatte den Raum verlassen. Sie wollte sich angeblich nur die Nase pudern. Zeit war verstrichen, aber sie war nicht zurückgekommen. Sie hatte das Gebäude durch eine Hintertür verlassen. Seitdem war sie verschwunden – und mit ihr der Rubin.

Auf keinen Fall durfte die Öffentlichkeit davon erfahren. Der Rubin war nicht nur ein kostbares Schmuckstück, sondern besaß zusätzlich großen historischen Wert. Außerdem verlangten die Umstände, die zum Verlust des Schmuckstückes geführt hatten, dass jedes unnötige Aufsehen vermieden wurde, damit die Affäre nicht politisch schwerwiegende Konsequenzen nach sich zog.

Jesmond war nicht der Mann, der diese Tatsache kurz und bündig berichten konnte. Er packte sie in einen großen Wortschwall ein. Hercule Poirot wusste nicht, wer dieser Jesmond eigentlich war. Er erklärte auch nicht näher, ob er mit dem Innenministerium, dem Foreign Office oder irgendeinem Zweig des Staatssicherheitsdienstes in Verbindung stand. Er handelte im Interesse des Commonwealth … Kurzum – der Rubin musste gefunden werden!

Und Monsieur Poirot sei der einzige Mann, der ihn wieder finden könne, erklärte Jesmond höflich und entschieden.

«Vielleicht», gab Hercule Poirot zu, «doch die Tatsachen, die Sie mir nennen, sind nicht aufschlussreich. Mit Vermutungen oder Verdächtigungen kann ich nichts anfangen.»

«Ich bitte Sie, Monsieur Poirot, solche Umstände sind doch für Sie kein unüberwindliches Hindernis.»

«Ich habe nicht immer Erfolg.»

Diese Bescheidenheit war nur gespielt. Poirots Stimme verriet deutlich, dass die Annahme eines Auftrags für ihn auch den erfolgreichen Abschluss eines Falles bedeutete.

«Seine Hoheit sind noch sehr jung», sagte Jesmond. «Es wäre traurig, wenn eine einzige unüberlegte Tat in der Jugend deren ganze Zukunft zerstören würde.»

Poirot betrachtete den deprimierten jungen Mann freundlich.

«In der Jugend macht man manche Dummheit», meinte er ermutigend. «Für einen x-beliebigen jungen Mann ist dies nicht so ausschlaggebend. Der gute Vater zahlt; ein Rechtsanwalt klärt das Missgeschick. Der junge Mann lernt aus seinen Erfahrungen, und alles führt schließlich zum

Guten. Ihre Lage ist allerdings wesentlich anders. Der Termin Ihrer Vermählung steht fest ...»

«Das stimmt, das stimmt genau.» Zum ersten Mal redete der junge Mann. «Sie nimmt alles sehr, sehr ernst, müssen Sie wissen. Sie nimmt das Leben sehr ernst. Sie hat große Pläne in Cambridge gefasst. Das Erziehungswesen soll in unserem Land verbessert, Schulen sollen gebaut werden. Alles soll im Namen des Fortschritts und der Demokratie geschehen, müssen Sie wissen. Sie sagt, es soll nicht so wie zu Zeiten meines Vaters bleiben. Natürlich weiß sie, dass ich mich in London vergnüge, aber sie ahnt nichts von dieser skandalösen Geschichte. Ein Skandal – und es wäre alles aus. Der Rubin ist nämlich sehr, sehr berühmt. An ihm hängt eine lange Geschichte ... viel Blutvergießen ... viele Tote!»

«Tote», wiederholte Hercule Poirot nachdenklich. Er schaute Jesmond an. «Ich hoffe, es wird nicht dazu kommen.»

«Nein, nein, durchaus nicht», sagte Jesmond. Seine Stimme klang reichlich unnatürlich. «Davon kann keine Rede sein, natürlich nicht.»

«Ganz sicher kann man nie sein», antwortete Hercule Poirot. «Wer jetzt den Rubin auch immer besitzen mag – so kann es doch andere geben, die ihn haben möchten und vielleicht vor nichts zurückschrecken, mein Freund.»

Jesmonds Stimme klang jetzt noch unnatürlicher als zuvor: «Ich glaube wirklich nicht, dass wir uns darüber Gedanken zu machen brauchen. Es führt ja zu nichts.»

Hercule Poirot wurde plötzlich reserviert.

«Ich», sagte er, «ich mache es immer wie die Politiker. Ich versuche alle Möglichkeiten zu durchdenken.»

Jesmond sah ihn zweifelnd an, riss sich auf einmal zusammen und fragte: «Darf ich annehmen, dass wir uns einig sind, Monsieur Poirot? Sie werden nach Kings Lacey kommen?»

«Welche Gründe sollte ich dort für einen Aufenthalt angeben?», fragte Poirot.

Jesmond lächelte zuversichtlich.

«Das ist meiner Meinung nach ein sehr einfaches Problem. Ich versichere Ihnen, man wird keinen Verdacht schöpfen. Die Laceys werden Ihnen gut gefallen. Es sind ganz reizende Menschen.»

«Sie haben mich nicht belogen? Es gibt wirklich eine Ölzentralheizung?»

«Ja, bestimmt», antwortete Jesmond, und seine Stimme klang erleichtert. «Sie werden jeglichen Komfort finden.»

«Tout confort moderne», murmelte Poirot vor sich hin. «*Eh bien,* ich nehme den Auftrag an.»

Der langgestreckte Salon in Kings Lacey war angenehm warm, die Temperatur betrug zwanzig Grad Celsius. Hercule Poirot saß an einem der großen Fenster und unterhielt sich mit Mrs. Lacey. Sie war mit einer Handarbeit beschäftigt. Während sie nähte, sprach sie leise und nachdenklich. Poirot war von ihrer Stimme entzückt.

«Ich hoffe, dass Sie sich über Weihnachten bei uns wohl fühlen, Monsieur Poirot. Sie werden hier meine Familie und einige Freunde kennen lernen: meine Enkelin, meinen Enkel und dessen Freund, Bridget – sie ist meine Großnichte – und Diana, eine Kusine von mir, ferner David Welwyn, einen alten Freund von uns. Es ist ein Familienfest. Aber Edwina Morecombe sagte mir, dass Sie sich gerade das wünschen: ein altmodisches Weihnachtsfest. Niemand könnte altmodischer sein als wir. Mein Mann lebt völlig in der Vergangenheit. Er wünscht, dass alles genauso bleibt wie früher, als er zwölf Jahre alt war und seine Ferien hier verbrachte.»

Sie lächelte vor sich hin.

«All die alten Dinge müssen da sein: der Weihnachtsbaum, die Strümpfe, die Austernsuppe und der Truthahn, pardon – zwei Truthähne, ein gekochter und ein gegrillter, und der Plumpudding mit dem Ring und dem Junggesellenknopf und all die anderen Sachen. Wir können heute kein Sixpencestück mehr verwenden, weil es nicht mehr aus reinem Silber ist. Aber die alten Desserts wird es geben, zum Beispiel Elvas-Pflaumen, Karlsbader Pflaumen, Mandeln, Rosinen, kandierte Früchte und Ingwer. Du liebe Güte, ich rede wie ein Katalog von Fortnum & Mason.»

«Mir läuft schon bei Ihrer Aufzählung das Wasser im Munde zusammen, Madame.»

«Ich fürchte, wir werden uns bis morgen Abend alle den Magen verdorben haben», meinte Mrs. Lacey. «Heute ist man es nicht mehr gewohnt, viel zu essen, nicht wahr?»

Sie wurde durch lautes Rufen und Gelächter draußen vor dem Fenster unterbrochen. Sie schaute hinaus.

«Ich weiß nicht, was sie da draußen treiben – sicherlich irgendein Spiel oder so etwas. Wissen Sie, ich habe immer befürchtet, dass unsere Weihnachtsfeier diese jungen Leute langweilt, aber das stimmt nicht. Genau das Gegenteil ist eingetroffen. Mein Sohn, meine Tochter und deren Freunde sagen, alles andere sei Unsinn und wäre nicht so schön. Außerdem», bemerkte Mrs. Lacey sachlich, «sind Kinder immer hungrig, besonders wenn sie zur Schule gehen, oder? Schließlich weiß man doch, dass jedes Kind in diesem Alter genauso viel isst wie drei starke Männer.»

Poirot lachte und sagte: «Es ist sehr liebenswürdig von Ihnen und Ihrem Mann, Madame, dass Sie mich in Ihren Kreis eingeladen haben.»

«Oh, wir freuen uns beide wirklich über Ihren Besuch. Und wenn Sie feststellen sollten, dass Horace ein bisschen mürrisch ist», fuhr sie fort, «dann beachten Sie es einfach nicht. Das ist nun einmal seine Art.»

In Wirklichkeit hatte Oberst Lacey, ihr Mann, gesagt: «Ich kann dich einfach nicht verstehen. Warum willst du, dass einer dieser verdammten Ausländer unser Weihnachtsfest stört? Warum kann er nicht zu einer anderen Zeit kommen? Ich kann Ausländer sowieso nicht ausstehen! Schon gut, schon gut, Edwina Morecombe hat ihn uns also ins Haus geschickt. Ich möchte wissen, warum *sie* sich eigentlich einmischt? Warum hat sie ihn nicht zu *ihrem* Weihnachtsfest eingeladen?»

«Weil Edwina immer zu den Claridges geht, das weißt du doch ganz genau», hatte Mrs. Lacey geantwortet.

Ihr Mann hatte sie prüfend angesehen und gefragt: «Du planst doch wohl nicht irgendetwas, Em, oder?»

«Ich – und irgendetwas planen?» Em hatte ihn mit ihren großen blauen Augen angesehen. «Natürlich nicht. Was sollte ich denn planen?»

Der alte Oberst hatte tief und dröhnend gelacht. «Ich traue es dir glatt zu, Em. Wenn du am unschuldigsten aussiehst, hast du bestimmt etwas vor.»

Mrs. Lacey dachte an dieses Gespräch und fuhr jetzt fort: «Edwina meinte, dass Sie uns vielleicht helfen könnten … Ich kann mir das zwar nicht vorstellen, aber Edwina erzählte, dass Sie einmal ihren Freunden in einem ähnlichen Fall geholfen haben. Ich – nun ja, Sie wissen vielleicht gar nicht, wovon ich rede?»

Poirot sah sie ermutigend an. «Wenn ich Ihnen irgendwie helfen kann, werde ich es mit Freude tun. Wenn ich Sie recht verstehe, handelt es sich um eine recht bedauerliche Angelegenheit, um die Schwärmerei eines jungen Mädchens.»

Mrs. Lacey nickte. «Ja. Sie wundern sich vielleicht, dass ich – nun ja, mit Ihnen darüber spreche. Schließlich kenne ich Sie überhaupt nicht …»

«Und ich bin sogar noch Ausländer», ergänzte Poirot.

«Ja», antwortete Mrs. Lacey, «aber vielleicht macht das die Dinge leichter. Jedenfalls schien Edwina zu glauben, dass Sie möglicherweise – wie soll ich sagen – irgendwelche nützlichen Auskünfte über diesen jungen Desmond Lee-Wortley geben könnten.»

Poirot antwortete nicht sofort. Er bewunderte insgeheim Mr. Jesmond, der Lady Morecombe geschickt und mühelos für seine Ziele eingespannt hatte.

«Soweit ich weiß, hat dieser junge Mann keinen guten Ruf», meinte er taktvoll.

«Das stimmt wirklich. Er hat einen geradezu schlechten Ruf! Das hilft uns aber in Sarahs Fall nicht weiter. Es hat keinen Sinn, einem jungen Mädchen zu sagen, dass der betreffende junge Mann einen schlechten Ruf habe, stimmt das etwa nicht? Er würde nur noch interessanter werden.»

«Sie haben völlig Recht.»

«Als ich jung war», fuhr Mrs. Lacey fort, «– du liebe Güte, wie lange ist das schon her! – wurden wir stets vor gewissen jungen Männern gewarnt, und wir interessierten uns dann natürlich noch mehr für sie …» Sie lachte leise.

«Was macht Ihnen Sorgen?»

«Unser Sohn fiel im Krieg», antwortete Mrs. Lacey. «Meine Schwiegertochter starb bei Sarahs Geburt. Sarah hat immer bei uns gelebt. Wir haben sie erzogen. Vielleicht haben wir sie falsch erzogen – ich weiß es nicht. Aber wir waren stets der Ansicht, dass wir ihr so viel Freiheit wie möglich lassen sollten.»

«Das ist eine lobenswerte Einstellung. Man kann nicht gegen den Strom der Zeit schwimmen.»

«Ja, so ist es. Ich habe dasselbe gedacht. Aber leider machen die Mädchen heutzutage solche Dinge mit.»

Poirot schaute sie fragend an.

«Ich glaube», sagte Mrs. Lacey, «man kann es so bezeichnen: Sarah ist in eine Gruppe von jungen Leuten hineingeraten, die ständig in Cafés und Bars herumhocken. Sarah will weder zu Tanzveranstaltungen gehen noch in die Gesellschaft eingeführt werden, noch Debütantin oder irgendetwas in dieser Art sein. Stattdessen wohnt sie in zwei hässlichen Zimmern in Chelsea, unten am Fluss, und trägt jene merkwürdigen Kleider, die diese Leute bevorzugen, und schwarze oder knallgrüne Strümpfe dazu – sehr dicke Strümpfe. Sie müssen furchtbar kratzen, denke ich immer. Außerdem läuft sie mit schmutzigen, ungepflegten Haaren herum.»

«Das ist heute modern. Das wird sich schon wieder geben.»

«Ja, ich weiß», antwortete Mrs. Lacey. «Ich hätte mir darüber auch keine Sorgen gemacht, aber jetzt hat sie sich mit diesem Desmond Lee-Wortley eingelassen. Er hat einen ganz schlechten Ruf. Er lebt mehr oder weniger von reichen Mädchen. Anscheinend sind sie völlig verrückt nach ihm. Er hätte beinahe die Tochter der Hopes geheiratet, aber ihre Familie ließ sie unter Amtsvormundschaft stellen. Und Horace will jetzt dasselbe tun. Aber ich halte das für keine gute Idee. Sie werden lediglich einfach nach Schottland, Irland, Argentinien und sonstwohin fliehen und dort entweder heiraten oder eine wilde Ehe führen. Das ist keine Lösung des Problems – und erst recht nicht, wenn ein Baby erwartet wird. Gibt man aber nach und die Einwilligung zur Heirat, folgt mit Sicherheit nach ein, zwei Jahren die Scheidung. Dann kommt das Mädchen wieder nach

Hause, und einige Zeit später heiratet es ein zweites Mal – dann einen Mann, der so lieb ist, dass er einen langweilt. Das Mädchen kommt schließlich zur Ruhe. Aber nach meiner Meinung sind solche Fälle besonders traurig, wenn ein Kind da ist und wenn ein Stiefvater dessen Erziehung übernimmt, mag er noch so nett sein. Nein, ich glaube, es wäre viel besser, wenn man so handeln würde, wie man es in meiner Jugend tat.»

«Man glaubt immer, dass die Zeiten früher besser waren», sagte Poirot leicht dozierend.

«Natürlich. Ich langweile Sie mit langen Reden, nicht wahr? Das sollte mir eigentlich nicht passieren. Aber trotzdem wünsche ich nicht, dass Sarah – sie ist wirklich ein liebes und gutes Mädchen – diesen Desmond Lee-Wortley heiratet. Sie und David Welwyn – er ist auch hier – waren immer gute Freunde. Sie hatten sich sehr gern. Horace und ich hofften, dass sie heiraten würden, wenn sie das Alter dazu hätten. Leider ist er jetzt völlig Luft für sie, weil sie eben in ihren Desmond verliebt ist.»

«Madame, wenn ich Sie recht verstanden habe, ist dieser Desmond Lee-Wortley hier. Er wohnt hier?»

«Ja, das war meine Idee. Horace wollte ihr verbieten, ihn wieder zu sehen und so weiter. Am liebsten hätte er wie früher der Vater oder der Vormund mit einer Reitpeitsche bei dem jungen Mann einen Besuch gemacht. Ich sagte ihm aber, dass dies grundverkehrt sei. ‹Nein›, habe ich gesagt, ‹lade ihn zu uns ein. Er soll Weihnachten hier in unserer Familie verbringen.› Natürlich meinte mein Mann, dass ich verrückt sei. Aber ich habe ihm geantwortet: ‹Liebling, wir können es jedenfalls einmal versuchen. Sie soll ihn hier in *unserem* Kreis und in *unserem* Haus erleben. Wir werden sehr nett und sehr höflich zu ihm sein. Vielleicht erscheint er ihr dann weniger interessant.›»

«Madame, ich glaube, Sie haben den Stein der Weisen entdeckt, wie man so sagt. Ihre Einstellung ist sehr klug, davon bin ich überzeugt, jedenfalls klüger als die Ihres Mannes.»

«Hoffentlich», entgegnete Mrs. Lacey zweifelnd. «Bis jetzt steht der Beweis aus. Aber er ist ja erst seit ein paar Tagen hier.» Plötzlich lächelte sie, und ein Grübchen zeigte sich in ihrer Wange. «Ich muss Ihnen etwas gestehen, Monsieur Poirot. Ich kann mir nicht helfen, er gefällt mir. Damit will ich nicht sagen, dass mir mein Verstand dasselbe sagt, aber ich spüre sehr wohl, dass er Charme hat. O ja, ich verstehe, was Sarah an ihm findet. Aber ich bin alt genug und habe genügend Erfahrung, um zu wissen, dass er nichts taugt. Trotzdem glaube ich, dass er auch ein paar gute Seiten hat», fügte Mrs. Lacey nachdenklich hinzu. «Er bat uns nämlich, seine Schwester mitbringen zu dürfen. Sie ist operiert worden und lag im Krankenhaus. Es sei so traurig für sie, wenn sie über Weihnachten in der Klinik bleiben müsse, meinte er. Er fragte, ob es zu viel Umstände machen würde, wenn sie mit bei uns wäre, und versprach, ihr alle Mahlzeiten selbst hochzutragen. Das finde ich zweifellos nett von ihm. Meinen Sie nicht auch, Monsieur Poirot?»

«Diese Besorgnis», erwiderte dieser nachdenklich, «passt kaum zu seinem Charakter.»

«Oh, ich weiß nicht. Man kann doch sehr an der Familie hängen und andererseits den Wunsch haben, ein junges reiches Mädchen zu heiraten. Sie müssen wissen, dass Sarah einmal sehr reich sein wird. Sie wird nicht nur das Geld erben, das wir ihr hinterlassen. Das wird nicht allzu viel sein, weil der größte Teil des Geldes zusammen mit diesem Besitz hier unserem Enkel Colin vermacht wird, aber Sarah wird das außerordentlich große Vermögen ihrer Mutter erben, wenn sie volljährig wird. Sie ist jetzt zwanzig Jahre alt … Nein, ich finde es wirklich nett von Desmond, dass er an seine Schwester gedacht hat. Er gab auch nicht vor, dass sie etwas Außergewöhnliches sei. Ich vermute, sie ist Stenotypistin. Außerdem hat er sein Wort gehalten. Er trägt stets das Essen zu ihr hoch, natürlich nicht immer, aber doch meistens. Daher glaube ich, dass er auch seine guten Seiten hat. Trotzdem will ich nicht, dass Sarah ihn heiratet.»

«Nach dem, was ich gehört habe und was mir berichtet worden ist, wäre es tatsächlich ein Unglück», meinte Poirot.

«Glauben Sie, dass Sie uns helfen können?»

«Ich denke schon, aber ich will nicht zu viel versprechen, denn Leute wie Lee-Wortley gehen bestimmt raffiniert vor, Madame. Verzweifeln Sie nicht. Vielleicht lässt sich etwas machen. Auf alle Fälle werde ich mein Bestes versuchen, schon aus Dankbarkeit. Sie waren so liebenswürdig, mir zu erlauben, das Weihnachtsfest bei Ihnen zu verbringen.» Er sah sich um. «Hoffentlich wird die Festtagsstimmung nicht beeinträchtigt.»

«Ja», seufzte Mrs. Lacey und beugte sich vor. «Wissen Sie, Monsieur Poirot, wovon ich schon lange träume – ich meine, was ich mir wünsche?»

«Es würde mich interessieren, Madame.»

«Ich wünsche mir einen Bungalow, so ein kleines, modernes Haus, das leicht in Ordnung zu halten ist und hier im Park steht, das eine moderne Küche und keine langen Korridore hat, in dem alles bequem und einfach ist.»

«Das ist eine gute Idee, Madame.»

«Nein, für mich nicht. Mein Mann liebt unser Haus über alles. Er lebt ausgesprochen gern hier. Ihm macht es nichts aus, wenn es für ihn unbequem und unpraktisch ist. Er fände es abscheulich, in einem Bungalow leben zu müssen.»

«Sie ordnen sich also seinen Wünschen unter?»

Mrs. Lacey richtete sich auf.

«Ich ordne mich nicht unter, Monsieur Poirot. Ich habe meinen Mann mit dem Wunsch geheiratet, ihn glücklich zu machen. Er war mir immer ein guter Ehemann und hat mich all die Jahre hindurch glücklich gemacht.»

«Sie werden also weiter hier wohnen bleiben?»

«So ungemütlich ist es nun auch wieder nicht.»

«Nein, nein», sagte Poirot hastig. «Im Gegenteil, es ist sehr gemütlich hier. Ich bin ganz begeistert von Ihrer Zentralheizung und dem warmen Wasser im Bad.»

«Wir haben eine Menge Geld ausgegeben, um dieses Haus gemütlich zu machen. Wir haben ein Stück Land verkauft. Es war baureif und brachte einen guten Erlös.»

«Aber woher nehmen Sie das Personal, Madame?»

«Das Problem ist leichter zu lösen, als Sie glauben. Natürlich wurde man früher besser bedient als heute. Aber aus dem Dorf kommen verschiedene Leute, die mir helfen. Zwei Frauen kommen morgens, zwei kochen das Mittagessen und waschen ab, und ein paar andere sind abends da. Die Frauen kommen gern, weil sie nur ein paar Stunden am Tag arbeiten. Zu Weihnachten haben wir besonderes Glück. Meine liebe Mrs. Ross kommt jedes Jahr und hilft uns. Sie ist eine großartige Köchin – sie kocht ganz erstklassig. Vor zehn Jahren gab sie ihre Stelle bei uns auf, aber sie hilft weiterhin aus. Und dann haben wir das Prachtstück Peverell.»

«Ihren Butler?»

«Ja. Er ist pensioniert und wohnt in dem kleinen Häuschen in der Nähe der Portierwohnung. Er liebt uns so, dass er uns zu Weihnachten regelmäßig bedient. Er besteht darauf. Dabei ist er schon alt und gebrechlich. Ich bilde mir immer ein, dass er einmal alles, was er gerade trägt, fallen lässt. Es ist eine Qual, ihm zusehen zu müssen …» Sie lächelte Poirot zu. «Sie sehen also, wir sind alle bereit, ein schönes Weihnachtsfest zu verleben. Ein weißes Weihnachten sogar», fügte sie hinzu, als sie zum Fenster hinausschaute. «Sehen Sie! Es beginnt zu schneien. Ah, die Kinder kommen herein. Sie müssen sie kennen lernen, Monsieur Poirot.»

Ihm wurde mit angemessener Höflichkeit zuerst Colin, dann Michael vorgestellt. Colin war der Enkel, er ging noch zur Schule, und Michael war sein Freund. Der Erstere war dunkel, der Zweite blond; beide waren höfliche, fünfzehnjährige Burschen. Dann wurde er Bridget, der schwarzhaarigen Kusine, vorgestellt. Sie war ungefähr genauso alt wie die beiden Jungen und strotzte vor Vitalität.

«Und dies ist meine Enkelin Sarah», sagte Mrs. Lacey.

Poirot betrachtete Sarah interessiert. Sie war attraktiv mit ihrem dichten roten Haarschopf. Er hatte den Eindruck, dass sie frech und ein bisschen trotzig war, aber gleichzeitig spürte man auch, dass sie ihre Großmutter sehr gern hatte.

«Und dies ist Mr. Lee-Wortley.»

Lee-Wortley trug eine Anglerjacke und enge schwarze Jeans. Sein Haar war ziemlich lang. Man konnte nicht mit Bestimmtheit sagen, ob er sich morgens rasiert hatte. Im Gegensatz zu Lee-Wortley sah der stille junge Mann, der als David Welwyn vorgestellt wurde, solide aus. Er lächelte freundlich und schien offensichtlich der Seife und dem Wasser sehr zugetan zu sein. Außerdem gehörte zu der Gruppe noch ein hübsches, etwas exaltiertes Mädchen, Diana Middleton.

Der Tee wurde aufgetragen, dazu eine Menge Teegebäck, Teekuchen, belegte Brote und drei verschiedene Kuchensorten. Die jüngere Generation bediente sich ungeniert. Oberst Lacey kam als Erster herein.

Seine Frau reichte ihm eine Tasse. Er nahm sich zwei Teekuchen, warf Desmond Lee-Wortley einen Blick zu, der seine Abneigung keineswegs verhehlte, und setzte sich so weit wie möglich von ihm fort. Der Oberst war ein stattlicher Mann. Seine Augenbrauen waren buschig und sein Gesicht verwittert. Man hätte ihn eher für einen Bauern als für den Herrn dieses Landgutes gehalten.

«Hat zu schneien angefangen», murmelte er. «Wir werden voraussichtlich weiße Weihnachten bekommen.»

Nach der Teestunde ging die Gesellschaft auseinander.

«Sie werden sich jetzt mit ihren Schallplatten beschäftigen, vermute ich», sagte Mrs. Lacey zu Poirot. Voller Nachsicht blickte sie ihrem Enkel nach, als er aus dem Zimmer ging.

«Sie interessieren sich nur noch für technische Dinge», fuhr sie fort.

Die Jungen und Bridget beschlossen aber, zum See zu gehen. Sie wollten feststellen, ob die Eisdecke schon zum Schlittschuhlaufen taugte.

«Wir wollten schon heute Morgen Schlittschuh laufen», sagte Colin, «aber der alte Hodgkins verbot es. Der ist immer so schrecklich vorsichtig.»

«Komm, David, gehen wir spazieren», schlug Diana Middleton mit sanfter Stimme vor. David zögerte. Seine Blicke hingen an Sarahs rotem Haar. Sie stand bei Desmond Lee-Wortley. Ihre Hand lag auf seinem Arm, sie sah zu ihm auf.

«Gut!», antwortete David Welwyn. «Ja, gehen wir!»

Diana hakte sich schnell bei ihm unter. Beide gingen auf die Tür zu, die in den Garten führte.

Sarah fragte: «Sollen wir auch gehen, Desmond? Es ist im Hause ziemlich stickig.»

«Wer will schon spazieren gehen? Ich hole das Auto. Wir fahren zum

Gasthaus ‹Speckled Boar› und trinken etwas.» Desmond hob fragend den Kopf.

«Lass uns lieber nach Market Ledbury in die Bar vom ‹White Hart› fahren. Da ist es viel lustiger», antwortete Sarah.

Mit Desmond in der Dorfwirtschaft gesehen zu werden gefiel Sarah instinktiv nicht, obwohl sie das auf keinen Fall laut ausgesprochen hätte. Die Tradition von Kings Lacey erlaubte es nicht. Sie würde die beiden Alten sehr enttäuschen, wenn sie trotzdem dorthin ginge. Es war schon großzügig von ihnen, dass sie ihr eigenes Leben führen durfte, obwohl beide nicht im Geringsten verstanden, warum sie in diesem Stil in Chelsea leben wollte. Aber sie akzeptierten es. Das lag natürlich an Em. Der Großvater hätte von sich aus kurzen Prozess gemacht.

Sarah machte sich über dessen Einstellung keine Illusionen. Es war auch nicht seine Idee gewesen, Desmond nach Kings Lacey einzuladen, sondern Ems.

Während Desmond das Auto holte, informierte Sarah Mrs. Lacey: «Wir fahren nach Market Ledbury. Wir möchten gern im ‹White Hart› etwas trinken.»

Ein Anflug von Trotz lag in ihrer Stimme, aber Mrs. Lacey bemerkte es scheinbar nicht.

«Gut, Liebling», sagte sie. «Das wird sicherlich nett werden. David und Diana sind, soviel ich weiß, spazieren gegangen. Ich bin recht froh darüber. Ich glaube, das war ein Geistesblitz, als ich auf die Idee kam, Diana einzuladen. Wie traurig, dass sie schon mit einundzwanzig Witwe geworden ist. Hoffentlich heiratet sie bald wieder.»

Sarah sah sie mit einem durchdringenden Blick an.

«Was ist los, Em?»

«Ich habe einen kleinen Plan», antwortete Mrs. Lacey fröhlich. «Ich glaube, sie passt genau zu David. Ich weiß natürlich, dass er fürchterlich in dich verliebt gewesen ist, liebe Sarah, aber du kannst ja nichts mehr mit ihm anfangen, weil er nun einmal nicht dein Typ ist. Ich möchte ihn gern wieder glücklich sehen, und ich glaube, Diana passt gut zu ihm.»

«Was bist du für eine Kupplerin, Em!»

«Ich weiß. Alte Frauen sind das immer. Mir scheint, Diana hat schon ein Auge auf ihn geworfen. Glaubst du nicht auch, dass sie genau die Richtige für ihn ist?»

«Ich würde das nicht behaupten. Diana ist viel zu – nun ja, zu exaltiert, viel zu humorlos. Wenn er mit ihr verheiratet ist, wird er sich meiner Meinung nach schrecklich langweilen.»

«Na ja, wir werden es ja sehen. Du willst ihn doch auf keinen Fall mehr, Liebling, oder?»

«Nein, wirklich nicht», gab Sarah schnell zur Antwort. Dann fragte sie plötzlich unvermittelt: «Desmond gefällt dir doch, nicht wahr, Em?»

«Er ist charmant, ja, ja», antwortete Mrs. Lacey.

«Großvater mag ihn nicht.»

«Nein, das kannst du wohl kaum von ihm erwarten. Aber er wird sich ändern, wenn er sich erst einmal an die Tatsache gewöhnt hat. Du darfst ihn nur nicht drängen, meine liebe Sarah. Alte Leute ändern ihre Meinung nur langsam, und dein Großvater ist dazu noch halsstarrig.»

«Was Großvater denkt oder sagt, ist mir egal. Ich heirate Desmond, wenn es mir gefällt.»

«Ich weiß, Liebes, ich weiß … Aber sei doch einmal realistisch! Dein Großvater könnte dir viele Steine aus dem Weg räumen, das weißt du ja wohl. Außerdem bist du noch nicht volljährig. In einem Jahr kannst du erst tun und lassen, was du willst. Dann hat auch Horace nichts mehr dagegen.»

«Du bist auf meiner Seite, nicht wahr?», fragte Sarah.

«Ich möchte, dass du glücklich wirst», entgegnete Mrs. Lacey. «Ah, da kommt ja der junge Mann mit dem Auto. Weißt du, ich mag diese engen Hosen, die die Männer heutzutage tragen. Sie sehen sehr schick aus – aber sie betonen natürlich auch X-Beine.» Ja, erschrak Sarah, Desmond hatte ja X-Beine. Sie hatte es bisher noch nicht bemerkt.

«Geh nun, Liebling, und amüsiere dich gut!»

Mrs. Lacey blickte Sarah nach, wie sie zum Auto ging. Dann erinnerte sie sich an ihren Gast aus dem Ausland und ging in die Bibliothek. Als sie zur Tür hineinschaute, sah sie allerdings, dass Hercule Poirot eingeschlummert war. Sie lächelte vor sich hin, während sie durch die Halle in die Küche ging, um noch einiges mit Mrs. Ross zu besprechen.

«Komm, Süße!», sagte Desmond. «Macht deine Familie Theater, weil du mit mir in ein Lokal gehen willst? Die sind hier Jahre zurück, was?»

«Nein, sie machen kein Theater», antwortete Sarah gereizt, während sie ins Auto stieg.

«Was will dieser Ausländer hier? Er ist Detektiv, nicht wahr? Was will ein Detektiv hier?»

«Er ist nicht beruflich hier. Edwina Morecombe, meine Patentante, hat uns gebeten, ihn aufzunehmen. Ich glaube, er hat sich schon lange von seinem Beruf zurückgezogen.»

«Klingt, als ob er ein ausgedienter alter Droschkengaul wäre.»

«Ich glaube, er möchte ein altenglisches Weihnachtsfest miterleben», erklärte Sarah nicht gerade überzeugend.

Desmond lachte verächtlich. «So ein Quatsch! Ich frage mich nur, wie du so ein Weihnachten aushalten kannst.»

Sarah warf ihr rotes Haar zurück, und ihr energisches Kinn schob sich vor.

«Mir gefällt es!» Trotzig stieß sie die Worte hervor.

«Nein, Baby, es kann dir nicht gefallen. Morgen machen wir Schluss. Wir fahren nach Scarborough oder sonstwohin.»

«Unmöglich.»

«Warum denn?»

«Ich würde sie verletzen.»

«Fauler Zauber! Dir macht doch dieser kindische, sentimentale Blödsinn im Grunde auch keinen Spaß.»

«Nun ja, im Grunde vielleicht nicht, aber ...»

Sie fühlte sich schuldig, weil ihr bewusst wurde, dass sie Weihnachten aufrichtig herbeisehnte. Es war ein schönes Fest, aber sie schämte sich, es Desmond gegenüber einzugestehen. Mit diesem Schuldgefühl konnte sie das Fest und das Familienleben nicht genießen. Einen Augenblick lang wünschte sie, Desmond wäre jetzt nicht hier. Sie wünschte sich tatsächlich, dass Desmond niemals hergekommen wäre. Es war für sie schöner, Desmond in London zu sehen, nicht aber hier zu Hause.

Inzwischen waren die Jungen und Bridget wieder vom See zurückgekehrt. Sie diskutierten noch ernsthaft über die Probleme, die das Schlittschuhlaufen mit sich brachte. Ab und zu hatte es geschneit.

«Es wird die ganze Nacht schneien», prophezeite Colin. «Ich wette, der Schnee wird bis zum Weihnachtsmorgen viele Zentimeter hoch liegen.»

Das war eine erfreuliche Aussicht.

«Wir bauen einen Schneemann», schlug Michael vor.

«Guter Gott», antwortete Colin, «ich habe zum letzten Mal einen Schneemann gebaut, als ich vier Jahre alt war.»

«Ich fürchte, das ist ziemlich schwierig», meinte Bridget.

«Wir könnten Monsieur Poirot kopieren», schlug Colin vor. «Einen schwarzen Schnurrbart bekommt er. In der Frisierkommode ist einer.»

«Weißt du, ich kann mir nicht vorstellen, dass Monsieur Poirot mal Detektiv gewesen ist. Ich kann mir überhaupt nicht vorstellen, dass er sich verkleiden könnte», sagte Michael nachdenklich.

«Das stimmt», pflichtete Bridget bei, «man kann sich nicht vorstellen, dass er mit einem Mikroskop herumläuft, Spuren sucht oder Fußabdrücke ausmisst.»

«Ich habe eine Idee», sagte Colin. «Wir könnten für ihn eine Schau abziehen.»

«Was willst du damit sagen?», fragte Bridget.

«Wir inszenieren einen Mord für ihn.»

«Das ist eine großartige Idee!», rief Bridget aus. «Meinst du eine Leiche im Schnee oder so etwas Ähnliches?»

«Ja. Er würde sich dann bei uns wie zu Hause fühlen, oder?»

Bridget kicherte.

«Ich weiß nicht, ob ich es so weit treiben würde.»

«Wenn es schneit», sagte Colin, «haben wir einen idealen Rahmen für das Ganze. Eine Leiche und Fußspuren … Wir müssen uns alles sorgfältig überlegen. Wir müssen einen Dolch aus Großvaters Sammlung stehlen und ein bisschen Blut herbeischaffen.»

Sie blieben stehen und begannen hitzig zu diskutieren. Sie bemerkten dabei gar nicht, dass es heftig zu schneien anfing.

«Im alten Klassenzimmer liegt noch ein Farbkasten. Damit könnten wir Blut mischen; am besten mit Karmesinrot.»

«Ich glaube, dass Karmesinrot zu hell ist», meinte Bridget. «Die Farbe müsste dunkler sein.»

«Wer will die Leiche sein?», fragte Michael.

«Ich bin die Leiche», antwortete Bridget schnell.

«Hör mal zu», sagte Colin, «ich bin die Leiche.»

«Nein, auf keinen Fall. Ich bin richtig dafür. Es muss ein Mädchen sein … Ein schönes Mädchen liegt leblos im Schnee!»

«Ein schönes Mädchen! Ha-ha», lachte Michael spöttisch.

«Ich habe sogar schwarzes Haar.»

«Was hat das damit zu tun?»

«Nun ja, das sieht im Schnee besonders gut aus, und ich werde meinen roten Schlafanzug anziehen.»

«Wenn du einen roten Schlafanzug anhast, kann man die Blutflecken nicht sehen», widersprach Michael.

«Aber der Anzug hat weiße Aufschläge, darauf könnte doch das Blut sein. Wäre das nicht großartig? Glaubst du wirklich, dass er darauf hereinfällt?»

«Er fällt darauf herein, wenn wir es richtig machen», antwortete Michael. «Deine Fußspuren werden im Schnee sein und die einer anderen Person. Die Spuren führen bis zur Leiche, dann zweigen sie ab – natürlich sind das die Spuren eines Mannes. Poirot wird die Spuren nicht verwischen wollen, deshalb wird er auch nicht merken, dass du gar nicht tot bist. Glaubt ihr das etwa nicht?» Abrupt unterbrach er sich. Ihm war plötzlich etwas eingefallen. Die anderen schauten ihn an. «Glaubt ihr, dass er sich darüber ärgern wird?»

«Oh, das glaube ich nicht», sagte Bridget unbekümmert und optimistisch. «Er wird es nicht falsch auffassen, bestimmt nicht. Wir haben es halt getan, um ihn zu unterhalten. Es ist für ihn eine Weihnachtsüberraschung.»

«Ich meine aber, wir sollten uns nicht gerade den ersten Weihnachtstag aussuchen», sagte Colin nachdenklich.

«Dann machen wir es also am zweiten Weihnachtsfeiertag», schlug Bridget vor.

«Der Tag ist genau richtig», stimmte Michael zu.

«Dann haben wir auch mehr Zeit», fuhr Bridget fort. «Schließlich müssen wir doch eine Menge vorbereiten. Kommt, gehen wir und schauen wir uns mal das nötige Zubehör an.»

Sie liefen ins Haus.

Am Weihnachtsabend ging es geschäftig zu. Man hatte große Mengen von Stechpalmenzweigen und Mistelzweigen ins Haus gebracht. Der Weihnachtsbaum stand in der Ecke des Esszimmers. Jeder half beim Schmücken. Die Stechpalmenzweige wurden hinter die Gemälde gesteckt und die Mistelzweige an den passenden Stellen in der Vorhalle aufgehängt.

«Ich wusste gar nicht, dass man noch so albern sein kann», murmelte Desmond verächtlich.

«Wir haben es immer so gemacht», verteidigte Sarah sich.

«Was heißt das schon.»

«Sei nicht so garstig, Desmond. Mir macht es Spaß.»

«Sarah, meine Süße, das meinst du doch nicht im Ernst.»

«Doch, vielleicht – vielleicht nicht ganz im Ernst, aber irgendwie ein bisschen schon.»

«Wer will trotz des Schnees zur Mitternachtsmette gehen?», fragte Mrs. Lacey zwanzig Minuten vor zwölf.

«Ich nicht», antwortete Desmond. «Komm, Sarah!»

Er legte seine Hand auf ihren Arm und führte sie in die Bibliothek zum Plattenspieler.

«Alles hat seine Grenzen, Liebling», sagte Desmond. «Mitternachtsmette!»

«Du hast Recht. Ja, da hast du Recht.»

Fast alle anderen machten sich zum Kirchgang fertig. Unter lautem Gelächter und mit viel Getrampel zogen sie sich die Mäntel an und verließen das Haus. Bridget, David und Diana gingen zu Fuß zur Kirche, die zehn Minuten entfernt lag. Es schneite. Ihr Lachen verklang in der Ferne.

«Mitternachtsmette!», schnaubte Oberst Lacey verächtlich. «Bin niemals in meiner Jugend zur Mitternachtsmette gegangen. Alles Mist! Pfaffenzeug! Entschuldigen Sie bitte, Monsieur Poirot.»

Poirot winkte ab.

«Das ist ganz in Ordnung. Auf mich brauchen Sie keine Rücksicht zu nehmen.»

«Ich meine, die Frühmette ist genug für alle», fuhr der Oberst fort. «Ein ordentlicher Gottesdienst am Weihnachtsmorgen und dann zurück zum Essen. Das ist das einzig Wahre, stimmt's, Em?»

«Ja, Liebling. Wir halten es so, aber der jungen Generation gefällt eben die Mitternachtsmette. Ich finde es schön, wenn sie hingehen.»

«Sarah und dieser Bursche wollen nicht gehen.»

«Mein Bester, ich glaube, da täuschst du dich. Sarah würde schon gehen, das weißt du ganz genau, aber sie traut sich nicht, es zuzugeben.»

«Ihr könnt mich schlagen; ich verstehe trotzdem nicht, warum sie etwas auf die Meinung dieses Burschen gibt.»

«Sie ist noch jung», antwortete Mrs. Lacey besänftigend. «Sie wollen schlafen gehen, Monsieur Poirot? Gute Nacht. Ich hoffe, Sie werden gut schlafen.»

«Und Sie, Madame, gehen Sie noch nicht zu Bett?»

«Noch nicht. Wissen Sie, ich muss noch die Weihnachtsstrümpfe füllen. Die Kinder sind zwar schon erwachsen, ihre Strümpfe wollen sie aber nicht missen.»

«Sie geben sich wirklich viel Mühe, damit zu Weihnachten alle glücklich sind. Ich bewundere Sie.» Poirot küsste ihr höflich die Hand.

«Hm», brummte Oberst Lacey, als Poirot gegangen war. «Liebt galante Gesten. Immerhin – er verehrt dich.»

Mrs. Lacey schaute ihn kokett an. «Merkst du nicht, dass ich unter einem Mistelzweig stehe?», fragte sie mit der scheuen Zurückhaltung eines neunzehnjährigen Mädchens.

Hercule Poirot betrat sein Schlafzimmer. Es war groß und gut geheizt. Als er auf das große Himmelbett zuging, sah er auf dem Kissen einen Briefumschlag liegen. Er öffnete ihn und zog ein Stück Papier heraus. In krakeliger Schrift und großen Buchstaben stand darauf:

ESSEN SIE NICHTS VON DEM PLUMPUDDING!
JEMAND, DER ES GUT MIT IHNEN MEINT.

Hercule Poirot starrte auf den Zettel. Er zog die Augenbrauen hoch. «Seltsam», stammelte er, «damit habe ich nicht gerechnet.»

Um zwei begann das Weihnachtsessen. Es war ein festliches Mahl. Riesige Holzscheite knisterten im großen Kamin. Alle sprachen gleichzeitig. Von der Austernsuppe blieb nichts übrig. Zwei riesige Truthähne wurden als Gerippe wieder abserviert. Und dann – der Höhepunkt des Festessens! Der wunderbar garnierte Weihnachtspudding wurde hereingetragen …

Dem alten, achtzigjährigen Peverell zitterten Hände und Knie vor

Altersschwäche, aber er erlaubte niemand anderem, den Pudding zu servieren. Das war sein Privileg! Mrs. Lacey saß nervös mit ängstlich zusammengepressten Händen da.

Der Weihnachtspudding ruhte wie ein großer Fußball in seiner ganzen Herrlichkeit auf einer Silberplatte. Ein kleiner Mistelzweig steckte, einer Siegesfahne gleich, oben in dem Pudding. Wunderbar rote und blaue Flämmchen züngelten an ihm empor.

Mrs. Lacey hatte eins erreicht: Peverell durfte den Plumpudding nicht mehr herumreichen, sondern musste ihn vor ihr niedersetzen, so dass sie ihn selbst austeilen konnte. Erleichtert seufzte sie auf, als die Platte sicher vor ihr stand. Schnell wurden die Teller gefüllt und weitergereicht.

«Wünschen Sie sich was, Monsieur Poirot», rief Bridget. «Wünsch dir was, bevor die Flämmchen ausgehen – schnell, Opa, schnell!»

Mrs. Lacey lehnte sich zufrieden zurück. Das Unternehmen «Pudding» war ein voller Erfolg. Vor jedem stand eine Portion Plumpudding, an dem die Flämmchen noch leckten. Stille herrschte einen Augenblick lang am Tisch, weil sich jeder intensiv etwas wünschte. Niemand nahm Poirots seltsamen Gesichtsausdruck wahr, als er seine Portion auf dem Teller betrachtete. «Essen Sie nichts von dem Pudding!» Was um alles in der Welt sollte diese unheilvolle Warnung bedeuten? Seine Portion sah genauso wie die anderen Portionen aus. Mit einem Seufzer griff er zu Löffel und Gabel. Obwohl Hercule Poirot sich eine Verwirrung niemals gern eingestand, musste er es diesmal tun. Er war tatsächlich verwirrt.

«Mögen Sie steife Creme, Monsieur Poirot?»

Poirot bediente sich reichlich.

«Hast mir wieder meinen guten Kognak stibitzt, Em?», fragte der Oberst gut gelaunt vom anderen Ende des Tisches her. Mrs. Lacey zwinkerte ihm zu.

«Mrs. Ross will nur besten Branntwein verwenden, Liebling. Sie sagt, davon hängt alles ab.»

«Ist schon gut. Es ist nur einmal im Jahr Weihnachten, und Mrs. Ross ist eine hervorragende Köchin.»

«Das stimmt wirklich», sagte Colin. «Der Plumpudding schmeckt wundervoll – hm.» Er stopfte sich genießerisch ein neues Stück Pudding in den Mund.

Zaghaft, fast zimperlich, nahm Poirot seinen Pudding in Angriff. Er aß einen Löffel voll. Es schmeckte herrlich! Er aß einen zweiten Löffel voll. Leise klappernd fiel etwas auf seinen Teller. Er untersuchte es mit der Gabel. Bridget – sie saß links von ihm – half ihm dabei.

«Sie haben da etwas, Monsieur Poirot», sagte sie. «Ich bin gespannt, was es ist.»

Poirot löste etwas Kleines, Silbernes aus den Rosinen heraus, die daran klebten.

«Monsieur Poirot hat den Junggesellenknopf!», rief Bridget.

Hercule Poirot tauchte den kleinen Silberknopf in das Wasserschälchen, das neben seinem Teller stand, und wusch die Krumen ab. «Der Knopf ist sehr hübsch», stellte er fest.

«Das bedeutet, dass Sie Junggeselle bleiben, Monsieur Poirot», erklärte ihm Colin hilfsbereit.

«Ich habe auch nichts anderes vor», antwortete Poirot ernst. «Seit vielen langen Jahren bin ich Junggeselle, und es ist unwahrscheinlich, dass sich dieser Zustand ändern wird.»

«Nur nicht verzweifeln», erklärte Michael. «Ich habe in der Zeitung gelesen, dass neulich ein Fünfundneunzigjähriger ein zweiundzwanzigjähriges Mädchen geheiratet hat.»

«Du machst mir Mut.»

Plötzlich schrie Oberst Lacey auf. Sein Gesicht lief dunkelrot an. Er griff sich an den Mund.

«Verdammt noch mal, Emmeline!», brüllte er. «Warum, zum Donnerwetter, erlaubst du der Köchin, Glas in meine Portion zu tun?»

«Glas?», rief Mrs. Lacey erstaunt aus.

Oberst Lacey holte den Gegenstand seines Ärgers aus dem Mund.

«Hätte mir einen Zahn ausbrechen können», schnauzte er. «Oder hätte das verdammte Ding verschlucken und eine Blinddarmentzündung bekommen können.»

Er ließ das Glasstück in sein Wasserschälchen fallen, spülte es ab und hielt es hoch.

«Es ist ein roter Stein aus einem Knallbonbon.»

«Erlauben Sie?»

Monsieur Poirot beugte sich sehr geschickt an seinem Nachbarn vorbei, nahm Oberst Lacey den Stein aus der Hand und untersuchte ihn aufmerksam. Es stimmte, was der Hausherr gesagt hatte. Der Stein war ziemlich groß und rot. Er hatte die Farbe eines Rubins. Während Poirot ihn herumdrehte, reflektierte der Stein funkelnd das Licht. Ein Stuhl wurde irgendwo am Tisch hart zurückgestoßen und dann wieder herangezogen.

«Puh!», rief Michael aus. «Wär das prima, wenn der Stein echt wäre.»

«Vielleicht ist er echt», antwortete Bridget hoffnungsvoll.

«Sei kein Esel, Bridget. Ein Rubin in dieser Größe würde viele tausend Pfund kosten, nicht wahr, Monsieur Poirot?»

«Ja, das stimmt.»

«Aber ich kann wirklich nicht begreifen, wie der Stein in den Pudding gekommen ist», erregte sich Mrs. Lacey.

«Ach», rief Colin aus, den sein letztes Stück Pudding ablenkte. «Ich habe das Schwein bekommen. Das ist nicht fair.»

Bridget sang sofort los: «Colin hat das Schwein bekommen. Colin hat das Schwein bekommen. Colin ist ein gieriges, verfressenes Schwein!»

«Ich habe den Ring», rief Diana. Ihre Stimme war hoch und hell.

«Du hast Glück, Diana. Du wirst also als Erste von uns heiraten.»

«Und ich habe den Fingerhut», jammerte Bridget.

«Bridget wird eine alte Jungfer», sangen die beiden Jungen. «Hoho, Bridget wird eine alte Jungfer!»

«Wer hat das Geld bekommen?», fragte David. «Ein echtes Zehnshillinggoldstück ist im Pudding. Ich weiß es ganz genau, Mrs. Ross hat es mir erzählt.»

«Ich glaube, ich bin der Glückliche», sagte Desmond Lee-Wortley.

Die beiden Tischnachbarn von Oberst Lacey hörten ihn murmeln: «Ja, das bist du.»

«Ich habe auch einen Ring», erklärte David. Er schaute zu Diana hinüber. «Ist das nicht ein Zufall?»

Das Lachen hörte nicht auf. Niemand bemerkte, dass Monsieur Poirot unbekümmert und scheinbar gedankenlos den roten Stein in seine Tasche gleiten ließ. Nach dem Pudding gab es einen festlichen Nachtisch und mehrere süße Fleischpasteten. Danach zog sich die ältere Generation zurück, um ihr Ruhestündchen zu halten, bevor alle zum Tee gebeten und die Christbaumkerzen angezündet wurden. Hercule Poirot hielt keinen Mittagsschlaf, stattdessen stattete er der riesigen altmodischen Küche einen Besuch ab.

«Ist es erlaubt», fragte er, während er strahlend umherschaute, «der Köchin zu diesem ausgezeichneten Mahl, das ich soeben genossen habe, zu gratulieren?»

Einen Augenblick lang geschah gar nichts. Dann kam Mrs. Ross und begrüßte ihn würdevoll. Sie war groß und stattlich.

«Ich freue mich, dass es Ihnen geschmeckt hat», sagte sie wohlwollend.

«Und wie ausgezeichnet!», rief Hercule Poirot aus. «Sie sind tatsächlich ein Genie, Mrs. Ross. Ein Genie! Ich habe noch niemals ein solch wunderbares Essen gegessen. Die Austernsuppe –», seine Lippen formten einen Laut der Anerkennung, «– und die Füllung. Die Kastanienfüllung in dem Truthahn war einzigartig, geradezu ein Erlebnis.»

«Ich freue mich, dass gerade Sie das sagen», erklärte Mrs. Ross freundlich. «Die Füllung ist nach einem besonderen Rezept gemacht. Ein österreichischer Chefkoch, mit dem ich viele Jahre zusammengearbeitet habe, hat mir dieses Rezept verraten. Aber alles andere», fügte sie hinzu, «ist alte englische Küche.»

«Gibt es überhaupt etwas Besseres?»

«Nun ja, dass Sie das sagen, ist sehr nett von Ihnen. Sie sind Ausländer, vielleicht hätten Sie kontinentale Küche vorgezogen. Derartige Gerichte gelingen mir allerdings nicht recht.»

«Ich bin sicher, Mrs. Ross, dass Ihnen alles gelingt. Sie wissen doch, dass die gute englische Küche, wie man sie in erstklassigen Restaurants findet, von Feinschmeckern auf dem Kontinent sehr geschätzt wird. Und der Plumpudding, den ich heute gegessen habe, war wirklich einmalig. Sie haben ihn selbst gemacht, nicht wahr? Er ist doch nicht etwa gekauft worden?»

«Natürlich nicht. Ich habe ihn allein gemacht nach meinem eigenen Rezept. Ich mache ihn schon seit vielen Jahren so. Als ich kam, sagte Mrs. Lacey, dass sie in einem Londoner Geschäft einen Pudding bestellt hätte, um mir die Mühe zu ersparen. ‹Aber nein, Madame›, habe ich damals gesagt, ‹das ist zwar sehr freundlich von Ihnen gemeint, aber es geht nichts über einen hausgemachten Plumpudding.› Wohlgemerkt, der Pudding wurde zu spät vor dem Fest zubereitet», erläuterte Mrs. Ross, die sich als wahre Künstlerin auf diesem Gebiet immer mehr über diese Frage verbreitete. «Ein guter Pudding sollte schon Wochen vor dem Fest fertig sein. Je älter er ist, umso besser. In diesem Jahr hätte es genauso sein sollen. Der Pudding wurde aber in Wirklichkeit erst drei Tage vor dem Fest gemacht – genau einen Tag, bevor Sie zu uns kamen. Ich hielt mich jedoch an den alten Brauch. Jeder musste in die Küche kommen, den Teig einmal umrühren und sich dabei etwas wünschen.»

«Sehr interessant», sagte Poirot, «sehr interessant! Es kam also jeder in die Küche?»

«Ja, der junge Herr und Bridget und der junge Herr aus London, der jetzt hier wohnt, auch seine Schwester und Mr. David und Miss Diana – Mrs. Middleton, wollte ich sagen. Und alle rührten.»

«Wie viele Puddings haben Sie zubereitet? Ist das der einzige?»

«Nein, ich habe vier gemacht: zwei große und zwei kleinere. Den anderen großen Pudding gibt es zu Neujahr und die zwei kleineren sind für Oberst Lacey und seine Frau, wenn sie wieder allein sind und die Familie wieder kleiner geworden ist.»

«Ich verstehe.»

«Sie haben übrigens heute beim Mittagessen den falschen Pudding bekommen.»

«Den falschen Pudding?» Poirot runzelte die Stirn. «Wieso das?»

«Ja – wir bewahren den Weihnachtspudding in einer großen Kuchenform aus Porzellan auf. Obendrauf ist ein Stechpalmen- und Mistelzweigmotiv. Der Weihnachtspudding wird immer in dieser Form gekocht, aber heute morgen passierte ein Unglück. Als Annie die Form vom Bord in der Vorratskammer holte, rutschte sie aus. Sie ließ die Form fallen, und die

Schüssel zerbrach. Ich konnte natürlich den Pudding nicht servieren lassen, es hätten ja Splitter darin sein können. Also mussten wir den anderen Pudding nehmen – den für Neujahr, der in einer ganz normalen Schüssel lag. Die Schüssel gibt dem Pudding eine schöne runde Form, aber sie ist nicht so dekorativ wie die Weihnachtspuddingform. Ich weiß wirklich nicht, wo wir eine ähnliche Form wieder kaufen können. Diese Größen werden heute nicht mehr hergestellt. Alles ist winzig klein. Man kann ja heute nicht einmal mehr eine Frühstücksschüssel bekommen, die acht bis zehn Eier mit Schinken fasst. Es ist leider alles nicht mehr so, wie es früher war.»

«Da haben Sie Recht», ergänzte Poirot. «Der heutige Tag bildet aber eine Ausnahme. Dieses Weihnachtsfest ist doch wie in alten Tagen, oder nicht?»

Mrs. Ross seufzte. «Ja, ja, ich freue mich, dass Sie das sagen, aber ich habe nicht mehr so gute Hilfen wie früher. Es fehlt an gelernten Hausgehilfinnen. Die Mädchen von heute –», sie senkte die Stimme ein wenig, «– geben ja ihr Bestes. Sie haben viel guten Willen, aber keine Erfahrung, wenn Sie verstehen, was ich meine.»

«Die Zeiten ändern sich», sagte Poirot. «Es stimmt mich selber manchmal traurig.»

«Wissen Sie, dieses Haus ist für die Herrin und den Oberst zu groß. Die Herrin weiß das genau. Wenn beide nur in einem Flügel des Hauses leben, so ist das nicht das Richtige. Das Haus wird erst lebendig, wenn die ganze Familie zu Weihnachten versammelt ist.»

«Ich glaube, Mr. Lee-Wortley und seine Schwester sind zum ersten Mal hier?»

«Ja.» Die Stimme von Mrs. Ross klang plötzlich reserviert. «Er ist nett, wirklich, aber – nun ja, er passt nicht zu Miss Sarah; nach unserer

Meinung. Aber dort, in London, denkt man anders. Leider geht es seiner Schwester so schlecht. Sie wurde operiert. Einen Tag nach ihrer Ankunft hier ging es ihr ganz gut, so schien es wenigstens. Nachdem sie aber den Pudding umgerührt hatte, ging es ihr wieder schlechter. Seit diesem Tag hat sie das Bett nicht mehr verlassen. Ich glaube, sie ist zu früh nach der Operation aufgestanden. Ach, die heutigen Ärzte! Sie entlassen einen aus dem Krankenhaus, wenn man sich noch gar nicht auf den Beinen halten kann. Die Frau meines Neffen …»

Mrs. Ross begann langatmig und voller Begeisterung von den Krankenhausbehandlungen zu erzählen, denen sich ihre Verwandten einmal unterzogen hatten. Da die Pflege in den früheren Zeiten besser als heute gewesen sei, fiel ihr Vergleich negativ aus. Poirot sprach ihr gebührend sein Mitempfinden aus.

«Ich muss Ihnen zuletzt noch einmal für das ausgezeichnete und üppige Mahl danken. Sie erlauben doch, dass ich mich ein wenig erkenntlich zeige?»

Eine neue Fünfpfundnote wanderte in Mrs. Ross' Hand.

Mechanisch antwortete sie: «Das ist aber wirklich nicht nötig.»

«Ich bestehe darauf, ich bestehe aber darauf.»

«Das ist sehr liebenswürdig von Ihnen, besten Dank.» Mrs. Ross nahm die Anerkennung als selbstverständlich hin. «Ich wünsche Ihnen ein fröhliches Weihnachtsfest und ein erfolgreiches neues Jahr.»

Der erste Weihnachtstag endete, wie die meisten Weihnachtstage zu enden pflegen. Am Baum wurden die Kerzen angezündet. Ein herrlicher Weihnachtskuchen wurde zum Tee hereingetragen. Man bewunderte den Kuchen, aber es wurde nur wenig gegessen. Am Abend gab es kalte Platte.

Sowohl Poirot als auch die Gastgeberin und der Gastgeber gingen zeitig zu Bett.

«Gute Nacht, Monsieur Poirot», sagte Mrs. Lacey. «Ich hoffe, der Tag hat Ihnen gefallen.»

«Es war ein wundervoller Tag, Madame, einfach wundervoll.»

«Sie sehen so nachdenklich aus.»

«Ich denke über den englischen Pudding nach.»

«War er Ihnen zu schwer?», fragte sie besorgt.

«Nein, nein. Davon kann keine Rede sein. Ich denke über seine Bedeutung nach.»

«Die Bedeutung liegt allein in der Tradition», bemerkte Mrs. Lacey. «Nun gute Nacht, Monsieur Poirot, träumen Sie nicht zu viel von Rumpasteten und Weihnachtsplumpudding.»

«Ja», murmelte Poirot vor sich hin, als er sich auszog. «Dieser Weihnachtsplumpudding ist ein Problem. Irgendetwas verstehe ich daran nicht.»

Nachdem Poirot einige Vorbereitungen getroffen hatte, legte er sich ins Bett, allerdings nicht, um zu schlafen. Nach ungefähr zwei Stunden wurde seine Geduld belohnt.

Die Tür seines Schlafzimmers öffnete sich vorsichtig. Er lächelte vor sich hin. Genau das hatte er erwartet. Er stellte sich noch einmal vor, wie Desmond Lee-Wortley ihm höflich eine Tasse Kaffee gereicht hatte. Ein wenig später, als Desmond mit dem Rücken zu ihm stand, hatte er für ein paar Sekunden die Tasse auf dem Tisch abgesetzt. Dann hatte er sie offensichtlich wieder aufgenommen. Zu Desmonds Befriedigung – wenn man das so nennen kann – hatte er den Kaffee bis zum letzten Tropfen getrunken. Ein Lächeln hob Poirots Schnurrbart, als er sich vorstellte, dass jetzt nicht er, sondern ein anderer in einem besonders tiefen Schlaf lag.

«Dieser nette, junge David», sprach Poirot zu sich selbst. «Ihn bedrückte etwas, er ist unglücklich. Es wird ihm nichts schaden, wenn er einmal eine Nacht lang tief schläft. Aber jetzt wollen wir mal sehen, was passiert.»

Poirot lag ganz still, atmete tief und regelmäßig, nur gelegentlich hörte man ihn ein wenig, aber wirklich nur ein wenig schnarchen.

Jemand trat an sein Bett und beugte sich über ihn. Dann wandte sich dieser Jemand zufrieden ab und ging zum Ankleidetisch hinüber. Beim Licht einer winzigen Taschenlampe durchsuchte er Poirots Habseligkeiten, die säuberlich auf dem Ankleidetisch abgelegt waren. Finger durchwühlten die Brieftasche, zogen die Schubladen des Ankleidetisches auf, suchten in Poirots Anzugtaschen. Schließlich näherte sich der Besucher wieder dem Bett und fuhr mit größter Behutsamkeit unter das Kopfkissen. Nachdem er die Hand wieder zurückgezogen hatte, blieb er einen Moment lang stehen – unschlüssig, was er als Nächstes tun sollte. Er schlich im Zimmer umher und durchsuchte alles, was zur Zierde dastand. Er ging in das angrenzende Badezimmer, aus dem er aber gleich wieder zurückkam. Dann verließ er das Zimmer mit einem halblaut ausgestoßenen Fluch.

«Ha», flüsterte Poirot. «Jetzt bist du aber enttäuscht, was? Ja, ja, schwer enttäuscht. Wie konntest du nur annehmen, dass Hercule Poirot etwas dort versteckt, wo du es finden könntest.»

Dann drehte er sich auf die andere Seite und schlief sofort ein. Am nächsten Morgen wurde er durch beharrliches Klopfen an der Tür geweckt.

«*Qui est là?* Herein, herein.»

Die Tür öffnete sich. Atemlos, mit gerötetem Gesicht, stand Colin auf der Schwelle – hinter ihm Michael.

«Monsieur Poirot, Monsieur Poirot!»

«Aber ja, was ist denn?» Poirot setzte sich im Bett auf. «Gibt es schon den Morgentee? Ach nein, du bist es, Colin. Was ist los?»

Colin war einen Augenblick lang sprachlos. Er schien sehr erregt zu sein. In Wirklichkeit war es aber die Schlafmütze, die Hercule Poirot trug und die Colin einen Moment lang die Sprache verschlug. Als er sich wieder gefangen hatte, stotterte er: «Ich glaube – Monsieur Poirot, können Sie uns helfen? Es ist etwas Schreckliches passiert.»

«Was denn?»

«Es ist – es ist Bridget. Sie liegt draußen im Schnee. Ich glaube – sie regt sich nicht mehr und spricht auch nicht. Sie müssen sie sich sofort ansehen. Ich habe furchtbare Angst. Vielleicht ist sie – tot.»

«Was?» Poirot warf die Bettdecke zur Seite. «Mademoiselle Bridget – tot?»

«Ich glaube, jemand hat sie getötet. Sie blutet und – oh, kommen Sie doch!»

Mit großem Geschick schlüpfte Poirot in seine Schuhe und zog seinen pelzgefütterten Mantel über den Schlafanzug.

«Hast du schon alle im Haus alarmiert?»

«Nein, nein, ich habe es bis jetzt nur Ihnen gesagt. Ich dachte, es wäre besser so. Großvater und Großmutter sind noch nicht auf. Unten wird erst der Frühstückstisch gedeckt, aber ich habe Peverell nichts gesagt. Sie liegt hinter dem Haus nahe beim Fenster der Bibliothek – an der Terrasse.»

«Führt mich hin!»

Colin wandte sich schnell ab, damit ihn sein freudiges Grinsen nicht verriet. Er führte Poirot die Treppen hinunter. Sie traten durch eine Nebentür ins Freie. Es war ein klarer Morgen. Die Sonne war gerade aufgegangen. Es schneite nicht mehr, aber es hatte während der Nacht stark geschneit, und ein makelloser, dichter Schneeteppich deckte alles zu. Die Welt sah sehr rein, weiß und schön aus.

«Dort!», sagte Colin atemlos. Er zeigte aufgeregt an die Stelle.

Das Bild, das sich ihnen bot, wirkte tatsächlich dramatisch. Wenige Meter entfernt lag Bridget im Schnee. Sie trug einen scharlachroten Schlafanzug. Um ihre Schultern schlang sich ein weißer Schal, den ein blutroter Fleck verunzierte. Ihr Kopf lag auf der Seite. Ihr üppiges schwarzes Haar verdeckte das Gesicht. Ein Arm lag unter dem Körper, der andere war weit weggestreckt, die Hand zur Faust geballt. Mitten in dem hochroten Fleck stak aufrecht der Griff eines großen, geschwungenen kurdischen Dolches, den Oberst Lacey gestern Abend den Gästen gezeigt hatte.

«*Mon Dieu!*», rief Monsieur Poirot aus. «Das sieht ja wie im Film aus.»

Michael gab einen erstickten Laut von sich. Colin lenkte die Aufmerksamkeit schnell auf sich.

«Das stimmt», sagte er. «Es sieht aus, als ob es nicht echt wäre. Sehen Sie die Fußspuren? Man darf sie nicht verwischen.»

«Nein. Die Fußspuren dürfen nicht zertrampelt werden.»

«Das habe ich auch gedacht», bestätigte Colin. «Deshalb habe ich niemanden an Bridget herangelassen. Ich dachte, Sie wüssten am besten Bescheid.»

«Ja», sagte Poirot unvermittelt, «zuerst wollen wir feststellen, ob sie noch lebt.»

«Ja – natürlich», sagte Michael zögernd, «aber wissen Sie, wir dachten – ich meine, wir wollten nicht ...»

«Ach, was wolltet ihr nicht? Ihr habt sicher Kriminalromane gelesen.

Natürlich ist es wichtig, dass ihr nichts angerührt habt – auch die Leiche nicht. Aber bis jetzt wissen wir noch gar nicht, ob es sich überhaupt um eine Leiche handelt, oder? An erster Stelle steht schließlich der Mensch. Wir müssen zunächst an den Arzt denken, dann erst an die Polizei, meint ihr nicht auch?»

«Ja, selbstverständlich», antwortete Colin hilflos.

«Wir dachten nur – ich meine, wir dachten, es wäre besser, zuerst Sie zu holen», ergänzte Michael hastig.

«Ihr bleibt hier stehen! Ich gehe von der anderen Seite an sie heran, damit die Fußspuren nicht verwischt werden. Mein Gott, sind das schöne Fußspuren – ganz deutlich, nicht wahr? Die Fußspuren eines Mannes und eines Mädchens laufen auf die Stelle zu. Die Fußspuren des Mannes führen zurück, die des Mädchens aber – nicht.»

«Das müssen die Fußspuren des Mörders sein», antwortete Colin. Vor lauter Erregung atmete er kaum.

«Sehr richtig! Ein langer schmaler Fuß mit einem ziemlich seltenen Profil. Sehr interessant. Meiner Meinung nach leicht zu erkennen. Ja, die Fußspuren werden sehr wichtig sein.»

In diesem Augenblick trat Desmond Lee-Wortley mit Sarah aus dem Haus. Sie kamen auf sie zu. «Was, um alles in der Welt, macht ihr denn hier?», fragte er aufgeregt. «Ich habe euch von meinem Schlafzimmer aus beobachtet. Was ist denn los? Großer Gott, das sieht ja – es sieht ja nach …»

«Sehr richtig», antwortete Hercule Poirot. «Es sieht nach Mord aus, nicht wahr?»

Sarah holte tief Luft, dann blickte sie plötzlich die beiden Jungen misstrauisch an.

«Sie meinen, irgendjemand hätte das Mädchen – wie heißt sie doch –,

Bridget, umgebracht?», fragte Desmond. «Wer hätte sie denn töten wollen? Das kann man ja nicht glauben.»

«Es gibt viele Dinge, die man nicht für möglich hält», sagte Poirot, «besonders wenn sie vor dem Frühstück geschehen. Das hat doch einer eurer Klassiker gesagt: ‹Es gibt sechs Dinge, die unmöglich vor dem Frühstück geschehen können.›» Er fügte hinzu: «Bleiben Sie bitte alle hier stehen!»

Vorsichtig ging er um Bridget herum, trat dann an sie heran und beugte sich über sie.

Colin und Michael wurden von unterdrücktem Lachen geschüttelt. Sarah erging es ähnlich. Sie kannte den Übermut der beiden.

«Die gute Bridget!», flüsterte Colin. «Ist sie nicht herrlich? Kein Muckser bisher.»

«Noch nie habe ich jemanden so tot gesehen wie Bridget», flüsterte Michael.

Hercule Poirot richtete sich auf.

«Das ist ja furchtbar», flüsterte er. Seine Stimme klang tonlos, vollkommen verändert.

Aus Angst, laut herauszuplatzen, mussten sich Michael und Colin rasch umdrehen. Mit erstickter Stimme fragte Michael: «Was – was sollen wir nur machen?»

«Uns bleibt nur eins übrig», antwortete Poirot. «Wir müssen sofort die Polizei holen. Will einer von euch anrufen?»

«Ich glaube, ich glaube – was meinst du, Michael?», fragte Colin.

«Ja, ich meine, der Spaß hat jetzt lange genug gedauert.» Er trat einen Schritt vor. Zum ersten Mal schien er ein wenig unsicher zu sein. «Es tut uns sehr Leid. Hoffentlich nehmen Sie es uns nicht übel. Sie müssen nämlich wissen, es – äh – es war eine Art Weihnachtsscherz, Monsieur

Poirot. Wir dachten – nun ja, wir wollten einen Mord für Sie inszenieren ...»

«Ihr wolltet einen Mord für mich inszenieren?»

«Es ist nur Theater», erklärte Colin. «Wir haben es nur gemacht, damit Sie sich wie zu Hause fühlen.»

«Aha! Ich verstehe; ihr wolltet mich in den April schicken, nicht wahr? Aber heute ist nicht der erste April, sondern der sechsundzwanzigste Dezember!»

«Ich glaube, wir hätten es doch nicht tun sollen», befürchtete Colin, «bitte, seien Sie uns deswegen nicht böse, Monsieur Poirot. Komm, Bridget! Bridget, steh auf! Du musst ja schon halb erfroren sein.»

Die Gestalt im Schnee rührte sich jedoch nicht.

«Das ist aber merkwürdig», sagte Poirot, «sie scheint euch nicht zu hören.» Er blickte alle nachdenklich an. «Und es soll ein Scherz sein, sagt ihr? Seid ihr auch sicher, dass es nur ein Scherz ist?»

«Ja, natürlich», antwortete Colin. Er fühlte sich in seiner Haut nicht mehr wohl. «Wir – wir haben doch nichts Böses beabsichtigt.»

«Und warum steht dann Mademoiselle Bridget nicht auf?»

«Ich weiß es nicht», erwiderte Colin. «Komm, Bridget», rief er ungeduldig, «steh doch auf, lass die Dummheiten! Es tut uns wirklich sehr Leid, Monsieur Poirot», sagte Colin verängstigt. «Wir müssen uns bei Ihnen entschuldigen.»

«Sie brauchen sich nicht mehr zu entschuldigen.» Poirots Stimme klang merkwürdig steif.

«Was meinen Sie damit?» Colin starrte ihn an. Er drehte sich noch einmal um. «Bridget, Bridget! Was ist los? Warum stehst du nicht auf? Warum bleibst du denn liegen?»

Poirot winkte Desmond zu.

«Kommen Sie, Mr. Lee-Wortley, kommen Sie her –»

Desmond trat zu ihm.

«Fühlen Sie ihren Puls!»

Desmond Lee-Wortley beugte sich zu dem Mädchen hinunter. Er ergriff den Arm – das Handgelenk.

«Ich fühle keinen Pulsschlag –» Er starrte Poirot an. «Der Arm ist steif. Großer Gott, sie ist tatsächlich tot.»

Poirot nickte. «Ja, sie ist tot», bestätigte er. «Jemand hat aus der Komödie eine Tragödie gemacht. Hier sind Spuren, die her- und zurücklaufen. Und diese Fußspuren gleichen genau den Ihrigen, die Sie vom Haus bis hierher im Schnee hinterlassen haben, Mr. Lee-Wortley!»

Desmond Lee-Wortley fuhr blitzschnell herum und starrte auf die Spur.

«Was … Beschuldigen Sie etwa mich? Sind Sie verrückt? Warum hätte ich denn dieses Mädchen töten sollen?»

«Tja – warum? Das frage ich Sie auch.»

Poirot beugte sich hinunter und löste sehr sanft ihre steifen Finger.

Desmond atmete schwer. Er traute seinen Augen nicht, als er sah, dass in der Handfläche des toten Mädchens ein großer Edelstein lag. Es schien ein Rubin zu sein. «Das ist ja der verdammte Stein aus dem Pudding!», rief er aus.

«Stimmt das?», fragte Poirot. «Sind Sie sicher?»

«Natürlich ist das der Stein!» Schnell bückte er sich und nahm den roten Stein aus Bridgets Hand.

«Das hätten Sie nicht tun sollen», sagte Poirot vorwurfsvoll. «Sie durften doch nichts verändern.»

«Ich habe nichts an der Leiche verändert! Aber dieses Ding könnte vielleicht verloren gehen, und es ist doch ein Beweisstück. Das Wichtigste ist jetzt, die Polizei zu holen – so schnell wie möglich. Ich werde anrufen.»

Lee-Wortley drehte sich um und rannte auf das Haus zu. Sarah trat zu Poirot.

«Ich *verstehe* das nicht», flüsterte sie. Ihr Gesicht war leichenblass. «Ich verstehe das wirklich nicht.» Sie umklammerte ängstlich Poirots Arm. «Was haben Sie mit – mit den Fußspuren gemeint?»

«Sehen Sie selbst, Mademoiselle.»

Die Fußspuren, die zur Leiche und wieder zurück führten, waren die gleichen, die Desmond im Schnee hinterlassen hatte, als er, vom Haus kommend, mit Poirot an die Leiche des Mädchens herangegangen und wieder zurückgetreten war.

«Sie meinen, es war Desmond?»

Das Aufheulen eines Automotors zerriss plötzlich die Stille. Schnell drehten sich alle um. Sie sahen deutlich, wie ein Auto in rasender Fahrt die Auffahrt hinunterjagte. Sarah erkannte, wem das Auto gehörte. «Desmond!», rief sie. «Es ist Desmond. Sicher fährt er zur Polizei, anstatt zu telefonieren.»

Diana Middleton stürmte aus dem Haus auf sie zu.

«Was ist los?», schrie sie atemlos. «Desmond rannte gerade herein. Er redete etwas von einem Mord und rüttelte am Telefon, aber es war tot. Er bekam keine Verbindung. Er sagte, das Kabel sei durchgeschnitten, und es bliebe nichts anderes übrig, als das Auto zu nehmen und zur Polizei zu fahren. Warum denn die Polizei?» Sie starrte Poirot an. «Bridget? Aber das ist doch – ist das nicht ein Scherz? Ich hörte gestern Abend so etwas. Ich dachte, man wollte Ihnen einen Streich spielen, Monsieur Poirot?»

«Ja», sagte Poirot, «das hatte man vor. Sie wollten mir einen Streich spielen. Aber jetzt kommen Sie bitte alle mit ins Haus. Wir holen uns hier draußen nur den Tod. Wir können sowieso nichts tun, bis Mr. Lee-Wortley mit der Polizei zurück ist.»

«Hören Sie», sagte Colin, «wir können doch Bridget nicht hier allein lassen.»

«Es hilft nichts mehr, wenn ihr bei ihr bleibt», sagte Poirot. «Wir können Mademoiselle Bridget nicht wieder zum Leben erwecken. Gehen wir also hinein und wärmen uns auf. Vielleicht sollten wir eine Tasse heißen Tee oder eine Tasse Kaffee trinken.»

Sie folgten ihm gehorsam ins Haus. Peverell wollte gerade den Gong schlagen. Selbst wenn Peverell es für merkwürdig gehalten hatte, dass die meisten Hausbewohner schon draußen im Schnee waren und Monsieur Poirot in Schlafanzug und Mantel herumlief, so ließ er sich nichts anmerken. Peverell war trotz seines Alters ein perfekter Butler. Er bemerkte nichts, was er nicht bemerken sollte. So gingen sie ins Esszimmer und setzten sich. Als der Kaffee gebracht war und alle tranken, begann Poirot mit seiner Erklärung.

«Ich muss Ihnen eine Geschichte erzählen, die ich zwar nicht in allen Einzelheiten schildern kann, aber doch in groben Umrissen. Sie handelt von einem jungen Prinzen, der dieses Land besuchte. Er brachte einen berühmten Edelstein mit, den er für seine zukünftige Frau umarbeiten lassen sollte. Das Unglück wollte es, dass er eine sehr hübsche junge Dame kennen lernte. Diese junge Dame interessierte sich weniger für den Prinzen, aber sie hatte sich in seinen Edelstein verliebt – und zwar so sehr, dass sie eines Tages mit ihm verschwand. Dieser Stein ist historisch wertvoll, er ist seit Generationen im Besitz der Familie. Wie man sich vorstellen kann, befand sich der Prinz nun in einer verzwickten Lage. Ein Skandal durfte auf keinen Fall entstehen. Es war nicht ratsam, die Polizei zu alarmieren. Daher kam der Prinz zu mir, zu Hercule Poirot. ‹Bringen Sie mir den historischen Rubin zurück›, bat er. Nun hatte besagte junge Dame einen Freund, der bislang in mehrere zwielichtige Geschäfte verwickelt war. Sein Name wurde im Zusammenhang mit Erpressung und Verkauf von Schmuck im Ausland genannt. Jedes Mal handelte er sehr geschickt, und man konnte ihm niemals etwas nachweisen. Ich erfuhr, dass dieser schlaue Herr das Weihnachtsfest in diesem Haus verbringen würde. Wichtig war ihm dabei, dass die hübsche junge Dame eine Zeit lang nicht gesehen werden durfte, nachdem sie sich den Edelstein verschafft hatte, damit niemand sie unter Druck setzen und niemand ihr Fragen stellen konnte. So kam sie nach Kings Lacey – angeblich als Schwester dieses sauberen Herrn.»

Sarah holte tief Luft.

«Nein! Das kann nicht wahr sein.»

«Doch! Genau das. Mit Hilfe einiger Tricks wurde auch ich zum Weihnachtsfest eingeladen. Angeblich sollte die junge Dame gerade aus dem Krankenhaus entlassen worden sein. Als sie hier ankam, ging es ihr schon besser. Da erfuhr sie, dass auch ich, ein Detektiv, ein sehr bekannter Detektiv, hierher kommen würde. Sofort fiel ihr das Herz in die Hose, so sagt man doch. Sie versteckte den Rubin an der erstbesten Stelle, die ihr einfiel. Dann hatte sie schnell einen Rückfall und hütete seitdem das Bett. Sie wollte nicht von mir gesehen werden, denn zweifelsohne würde ich eine Fotografie von ihr haben und sie sofort wiedererkennen. Sie langweilte sich natürlich sehr, musste aber in ihrem Zimmer bleiben. Der Bruder brachte ihr sogar das Essen nach oben.»

«Und der Rubin?», fragte Michael.

«Ich glaube, die junge Dame war mit euch allen in der Küche, als man meine Ankunft erwähnte. Alles lachte, redete und rührte den Pudding um. Der wurde in die Schüsseln verteilt, und die junge Dame versteckte den Rubin, indem sie ihn in eine der Puddingschüsseln fallen ließ – und zwar in die Schüssel, die nicht für das Weihnachtsfest bestimmt war. Sie wusste genau, dass der Weihnachtspudding in einer besonderen Form aufbewahrt wurde. Sie presste den Stein in den anderen Pudding – in denjenigen, der zu Neujahr gegessen werden sollte. Bis dahin hatte sie genügend Zeit, ihre Abreise vorzubereiten. Wenn sie ging, wollte sie natürlich den Neujahrspudding mitnehmen. Am Morgen des Weihnachtstages passierte dann ein Unglück. Der Pudding in der phantasievoll verzierten Weihnachtsform wurde fallen gelassen. Die Form zersprang auf dem Steinfußboden in viele Stücke. Was sollte man tun? Die gute Mrs. Ross nahm also den Neujahrspudding und ließ ihn servieren.»

«Guter Gott!», rief Colin aus. «Wollen Sie damit sagen, dass der Rubin echt war, den Großvater, als er seinen Pudding aß, aus dem Mund holte?»

«Genau! Und du kannst dir vorstellen, was in Mr. Lee-Wortley vorging, als er es bemerkte. *Eh bien,* was geschah als Nächstes? Der Rubin wurde herumgereicht. Ich prüfte ihn. Es gelang mir, ihn unauffällig in meine Tasche gleiten zu lassen. Ich machte es ganz unauffällig, als geschähe es ganz aus Versehen. Ein bestimmter Jemand beobachtete allerdings genau, was ich tat. Als ich im Bett lag, durchsuchte er mein Zimmer. Er tastete mich sogar ab, aber er fand den Rubin nicht.»

«Weil Sie ihn Bridget gegeben hatten», vermutete Michael atemlos. «Das meinen Sie doch, das ist also der Grund. Aber ich verstehe nicht ganz – ich meine … Hören Sie, was geschah dann?»

Poirot lächelte ihn an. «Kommt in die Bibliothek und schaut zum Fenster hinaus! Ich werde euch dort etwas zeigen, was das Geheimnis aufklärt.» Er ging voraus, und sie folgten ihm. «Denkt noch einmal an den Schauplatz des Verbrechens!»

Er zeigte zum Fenster hinaus, und alle hielten zur gleichen Zeit die Luft an. Im Schnee lag keine Leiche mehr! Nichts deutete mehr auf eine Tragödie, nur eine Menge zertrampelten Schnees war zu sehen.

«Ich habe das doch nicht geträumt», murmelte Colin fast unhörbar. «Hat jemand die Leiche weggeschafft?»

«Ah», sagte Poirot. «Das Geheimnis der verschwundenen Leiche!» Er nickte mit dem Kopf und zwinkerte mit den Augen.

«Monsieur Poirot», rief Michael, «haben Sie uns vielleicht die ganze Zeit an der Nase herumgeführt?»

Poirot lächelte verschmitzt.

«Es ist wahr, Kinder, ich habe mir einen kleinen Spaß erlaubt. Ich wusste nämlich von eurem Plan und bereitete einen Gegenplan vor … *Ah, voilà,* Mademoiselle Bridget! Hoffentlich stellen sich keine schlimmen Folgen ein, weil Sie lange im Schnee gelegen haben. Ich würde mir nie verzeihen, wenn Sie sich eine Erkältung zugezogen hätten.»

Bridget hatte gerade das Zimmer betreten. Sie trug einen dicken Rock und einen Wollpullover. Sie lachte.

«Ich habe Ihnen einen Kräutertee bringen lassen», sagte Poirot ernst. «Haben Sie ihn schon getrunken?»

«Nur einen Schluck. Mir fehlt nichts. War ich gut, Monsieur Poirot? Du liebe Güte, mir tut noch alles weh von dem Stangenkreuz, auf das ich mich legen musste, weil Sie es so wollten.»

«Sie waren großartig, mein Kind, einfach großartig. Aber die anderen wissen noch nicht Bescheid … Letzte Nacht ging ich also zu Mademoiselle Bridget. Ich erzählte ihr, dass ich von eurer kleinen Verschwörung wusste, und ich fragte sie, ob sie für mich eine Rolle spielen würde. Sie war sehr geschickt. Für die Fußspuren benutzte sie ein Paar Schuhe von Mr. Lee-Wortley.»

Sarah fragte barsch dazwischen: «Was soll das, Monsieur Poirot? Was hat das für einen Sinn, wenn Sie Desmond wegschicken, damit er die Polizei holt? Sie wird wütend sein, wenn sie erfährt, dass alles nur ein Scherz war.»

Poirot schüttelte leicht den Kopf.

«Aber ich glaube nicht eine Sekunde lang, dass Mr. Lee-Wortley die Polizei holt. Er will mit einem Mord nichts zu tun haben. Er verlor völlig die Nerven. Er dachte nur noch an eines: den Rubin zu bekommen. Er griff sich den Stein, gab vor, dass das Telefon kaputt wäre, und raste unter dem Vorwand, die Polizei zu holen, in seinem Auto davon. Ich bin überzeugt, dass er sich nicht wieder sehen lassen wird. Wie ich weiß, verfügt er über ein schnelles Mittel, aus England fliehen zu können. Er besitzt doch ein Flugzeug, nicht wahr, Mademoiselle?»

Sarah nickte.

«Ja», sagte sie. «Wir dachten daran ...» Sie sprach nicht weiter.

«Er wollte Sie damit entführen, nicht wahr? *Eh bien,* das ist eine ausgezeichnete Methode, um Edelsteine aus dem Land zu schmuggeln. Wenn man ein Mädchen entführt, und die Öffentlichkeit erfährt etwas davon, dann wird keiner auf den Gedanken kommen, dass auch ein historisch wertvoller Rubin mit aus dem Land geschmuggelt wird. Das wäre eine gute Tarnung gewesen.»

«Ich glaube das nicht, ich glaube Ihnen kein Wort.»

«Fragen Sie seine Schwester!» Poirot nickte jemandem über Sarahs Schulter hinweg zu. Diese drehte sich schnell um.

Eine Platinblonde stand im Türrahmen. Sie trug einen Pelzmantel und blickte prüfend um sich. Sie war offensichtlich fassungslos.

«Ich und seine Schwester! So ein Unsinn!», lachte sie laut und unsympathisch auf. «Der Kerl ist nicht mein Bruder! Er hat sich also aus dem Staub gemacht, und ich soll nun die Suppe auslöffeln. Das Ganze war *seine* Idee. *Er* hat mich dazu überredet. Er sagte, dass das gestohlene Zeug viel Geld bringen würde und dass wegen des Skandals nie Nachforschungen angestellt würden. Ich könnte Ali immer erpressen, wenn ich verraten wollte, dass *er* mir den wertvollen Stein gegeben habe. In Paris wollten wir uns die Beute teilen … Und jetzt lässt mich der Dreckskerl im Stich. Ich könnte ihn umbringen!» Sie wandte sich mit einem Ruck um. «Je eher ich verschwinde … Bestellt mir jemand ein Taxi?»

«Das Auto wartet schon vor der Haustür auf Sie. Es bringt Sie zum Bahnhof, Mademoiselle», schnarrte Poirot.

«Sie denken an alles, oder?»

«Fast an alles», lächelte Poirot selbstzufrieden. Er sollte jedoch noch nicht entlassen sein.

Als er das Esszimmer betrat, nachdem er die angebliche Miss Lee-Wortley zum wartenden Auto begleitet hatte, wartete Colin auf ihn. Ein finsterer Ausdruck lag auf seinem jungen Gesicht. «Jetzt hören Sie mir mal zu, Monsieur Poirot! Was ist denn mit dem Rubin? Soll das heißen, dass er mit dem Rubin entwischt ist?»

Poirot machte ein langes Gesicht. Er drehte an seinem Schnurrbart. Er fühlte sich nicht wohl in seiner Haut. So schien es wenigstens.

«Ich werde ihn wiederbekommen», sagte er schwach. «Es gibt noch andere Wege. Ich werde …»

«Hm», ließ sich Michael vernehmen. «Wenn ich bedenke, dass Sie den Gauner mit dem Rubin entwischen ließen –»

Bridget war schlauer.

«Er zieht uns wieder auf», sagte sie. «Inzwischen kenne ich Sie, nicht wahr, Monsieur Poirot?»

«Wollen wir zum Schluss noch ein Zauberkunststückchen vorführen, Mademoiselle? Greifen Sie in meine linke Tasche!»

Bridget griff hinein. Mit einem Freudenschrei zog sie die Hand wieder heraus. Sie hielt den großen Rubin hoch, der prachtvoll und blutrot funkelte.

«Jetzt wissen Sie also», sagte Poirot, «dass der Stein, den Sie mit Ihrer Hand fest umklammerten, eine Nachahmung ist. Ich brachte sie für den Fall aus London mit, dass ich Ersatz brauchen würde. Verstehen Sie nun? Wir wollten keinen Skandal. Monsieur Desmond wird versuchen, die Imitation in Paris oder Brüssel oder in irgendeiner anderen Stadt, wo er Verbindungen hat, zu verkaufen. Dort wird man dann feststellen, dass der Rubin nicht echt ist. Hauptsache: wir haben den richtigen. Was können wir uns Besseres wünschen? Alles endet zu unserer Zufriedenheit. Der Skandal ist vermieden worden, mein Prinzensöhnchen bekommt seinen Rubin wieder, er kehrt in sein Land zurück und geht, um eine Erfahrung reicher, eine hoffentlich gute Ehe ein. Ende gut – alles gut.»

«Abgesehen von mir», murmelte Sarah fast unhörbar.

Sie sprach so leise, dass Poirot als Einziger ihren Einwand hörte. Er sah sie freundlich an und schüttelte den Kopf.

«Sie täuschen sich, Mademoiselle Sarah. Sie haben auch dazugelernt. Jede Erfahrung ist wertvoll, und eine glückliche Zeit liegt vor Ihnen. Das prophezeie ich Ihnen.»

«Das sagen *Sie*», entgegnete Sarah.

«Aber hören Sie, Monsieur Poirot», Colin blickte finster drein, «wie haben Sie unseren Plan erfahren?»

«Meine Aufgabe ist es, alles zu wissen», antwortete Monsieur Poirot. Er drehte an seinem Schnurrbart.

«Ja, gut, aber ich kann mir nicht vorstellen, wie Sie das geschafft haben. Hat uns jemand verpfiffen? Ist jemand zu Ihnen gekommen und hat es erzählt?»

«Nein, das nicht.»

«Wie haben Sie es dann erfahren?»

Alle baten im Chor: «Ja, erzählen Sie!»

«Aber nein», protestierte Poirot. «Wenn ich verrate, wie ich es erfahren habe, werdet ihr enttäuscht sein. Es ist wie bei einem Zauberkünstler, der verrät, wie er seine Kunststücke macht.»

«Erzählen Sie doch, Monsieur Poirot, bitte! Erzählen Sie!»

«Ihr wollt wirklich, dass ich dieses letzte Geheimnis aufdecke?»

«Ja, erzählen Sie!»

«Ach, ich glaube, ich kann es nicht. Ihr werdet sehr enttäuscht sein.»

«Ach, bitte doch, Monsieur Poirot, erzählen Sie. Wie haben Sie es erfahren?»

«Nun gut. Ich saß, müsst ihr wissen, vorgestern nach dem Tee in der Bibliothek am Fenster und ruhte mich in einem Sessel aus. Dabei schlief ich ein. Als ich aufwachte, spracht ihr ganz in meiner Nähe über euren Plan – nur draußen vor dem Fenster. Und dieses stand offen.»

«Das ist alles?», fragte Colin. Er ärgerte sich. «So einfach!»

«Nicht wahr?», sagte Poirot lächelnd. «Seht ihr, nun seid ihr enttäuscht.»

«Na gut», erwiderte Michael. «Jedenfalls wissen wir jetzt alles.»

«Stimmt das tatsächlich?», murmelte Poirot vor sich hin. «Ich weiß jedenfalls noch *nicht* alles, obwohl es doch meine Aufgabe wäre, über alles Bescheid zu wissen.»

Er trat in die Vorhalle hinaus und schüttelte den Kopf. Wohl zum zwanzigsten Mal zog er aus seiner Tasche ein ziemlich schmutziges Blatt Papier hervor und las: ESSEN SIE NICHTS VON DEM PLUMPUDDING! JEMAND, DER ES GUT MIT IHNEN MEINT.

Hercule Poirot schüttelte nachdenklich den Kopf. Er, der sich alles erklären konnte, fand für diese Warnung keine Erklärung. Was für eine Demütigung! Wer hatte den Zettel geschrieben? Aus welchem Grund war er geschrieben worden? Er wusste, er würde erst wieder Ruhe finden, wenn er dieses Rätsel gelöst hatte. Plötzlich schrak er aus seinen Überlegungen auf und hörte seltsam keuchende Laute. Aufmerksam sah er auf den Boden. Dort machte sich ein mit Schaufel und Besen bewaffnetes flachsblondes Wesen zu schaffen. Es starrte mit großen runden Augen auf den Zettel in seiner Hand.

«Oh!», rief die Erscheinung. «Oh! Bitte sehr!»

«Wer sind Sie denn, *mon enfant*?», fragte Poirot freundlich.

«Annie Bates, bitte sehr. Ich helfe Mrs. Ross. Ich wollte, ich wollte nichts – nichts Unrechtes tun. Ich habe es nur gut gemeint. Ich meine, ich wollte nur Ihr Bestes.»

Poirot ging ein Licht auf. Er hielt ihr den schmutzigen Zettel hin. «Haben Sie das geschrieben, Annie?»

«Ich wollte nichts Böses anrichten. Wirklich nicht, glauben Sie mir.»

«Natürlich wollten Sie das nicht, Annie.» Er lächelte sie an. «Aber erzählen Sie mir bitte, warum Sie diesen Zettel geschrieben haben?»

«Nun, da waren die zwei, Mr. Lee-Wortley und seine Schwester. Ich wusste, dass sie in Wirklichkeit nicht seine Schwester war. Keiner von uns hat das geglaubt. Sie war auch kein bisschen krank. Das haben wir alle gewusst. Wir haben geglaubt, dass etwas nicht stimmt. Ich sage es Ihnen rundheraus. Ich war in ihrem Badezimmer, um saubere Handtücher hinzulegen, und habe an der Tür gehorcht. ‹Dieser Detektiv›, hat er gesagt, ‹dieser Kerl, der Poirot, kommt hierher. Wir müssen irgendwas unternehmen. Wir müssen ihn so rasch wie möglich aus dem Weg räumen.› Dann hat er leiser gesprochen und sie in einem bösartigen Ton gefragt: ‹Wo hast du das hingetan?› Und sie antwortete ihm: ‹In den Pudding.› Ich bekam einen furchtbaren Schreck. Ich habe gedacht, mir würde das Herz aussetzen. Ich habe gedacht, dass die beiden Sie mit dem Weihnachtspudding vergiften wollten. Ich habe nicht gewusst, was ich tun sollte. Mrs. Ross hätte auf jemanden wie mich nicht gehört. Da bin ich auf die Idee gekommen, Ihnen einen Zettel zu schreiben, um Sie zu warnen. Ich legte ihn auf das Kissen. Dort würden Sie ihn finden.» Annie konnte vor Atemlosigkeit nicht weiterreden. Poirot sah sie einige Minuten lang an.

«Sie sehen zu viele Gangsterfilme, glaube ich, Annie», sagte er schließlich. «Oder vielleicht ist das Fernsehen daran schuld. Das Wichtigste ist aber, dass Sie eine gute Seele sind und eine gewisse Phantasie haben. Wenn ich wieder in London bin, werde ich Ihnen ein Geschenk schicken.»

«Oh, danke, recht herzlichen Dank!»

«Was möchten Sie gern haben, Annie?»

«Kriege ich alles, was ich mir wünsche? Kriege ich wirklich das, was ich mir wünsche?»

«Ja. Es muss sich natürlich in Grenzen halten», antwortete Poirot vorsichtig.

«Oh, könnte ich ein Kosmetiktäschchen bekommen? So ein wirklich todschickes, piekfeines Kosmetiktäschchen wie das von Mr. Lee-Wortleys Schwester?»

«Das ist interessant», redete er leise und versonnen vor sich hin. «Vor einiger Zeit war ich im Museum und sah mir mehr als tausend Jahre alte Funde aus Babylon und ähnlichen Orten an – darunter waren auch Kosmetikschachteln. Die Frauen ändern sich im Grunde nicht.»

«Wie bitte?»

«Es war nicht wichtig», antwortete Poirot. «Ich dachte nur nach. Sie werden Ihr Kosmetiktäschchen bekommen.»

«Oh, danke schön, vielen herzlichen Dank.» Annie ging froh davon. Poirot sah ihr nach und nickte zufrieden mit dem Kopf.

«Tja», sagte er zu sich selbst. «Und jetzt gehe ich. Ich habe meine Aufgabe hier erfüllt.» Unerwartet legten sich in diesem Augenblick von hinten zwei Arme um seine Schultern.

«Da Sie gerade unter dem Mistelzweig stehen –»

Es war Bridget. Hercule Poirot genoss es, er genoss es sehr. Er sagte sich, dass es ein sehr schönes Weihnachtsfest sei …

Heirat an Weihnachten

Agatha Christie heiratet

Ich finde es nicht richtig, meine liebe Agatha, dass du auch am Sonntag im Lazarett arbeitest», sagte eine ältere Freundin meiner Mutter. «Sonntag ist der Tag des Herrn. Du solltest die Sonntage frei haben.»

«Und wer, meinst du, sollte den Männern ihre Verbände erneuern, sie waschen, ihnen die Becken reichen, ihre Betten machen und ihnen zu essen geben, wenn niemand am Sonntag arbeiten würde?», gab ich zurück. «Sie könnten ja schließlich kaum vierundzwanzig Stunden ohne diese Dienstleistungen auskommen, nicht wahr?»

«Ach du liebe Zeit, daran habe ich nicht gedacht. Aber irgendeine Einteilung sollte es doch geben!»

Drei Tage vor Weihnachten bekam Archie plötzlich Urlaub. Ich fuhr mit Mutter nach London, um ihn zu treffen. Ich spielte, glaube ich, mit dem Gedanken, ihn zu heiraten. Das taten jetzt viele junge Menschen.

«Ich begreife das nicht», sagte ich, «während um uns herum die Menschen sterben, wie kann man da bedächtig dahinleben und immer nur an die Zukunft denken?»

Mutter nickte. «Du hast Recht», erwiderte sie. «Man sollte wirklich nicht jedem Risiko aus dem Weg gehen und ausschließlich an die Zukunft denken.»

Ich sprach es nicht aus, aber die Wahrscheinlichkeit, dass Archie sein

Leben verlieren würde, war doch recht hoch. Die Verlustlisten überraschten und erschreckten die Leute. Vieler meiner Freunde waren Soldaten gewesen und sofort eingezogen worden. Fast jeden Tag las man in der Zeitung, dass jemand, den man gekannt hatte, gefallen war.

Es war erst drei Monate her, dass Archie und ich uns gesehen hatten – drei Monate, die wir, so schien es mir, in einer anderen Zeitdimension durchschritten hatten. Völlig neue Erfahrungen hatten mich geprägt: Der Tod meiner Freunde, Ungewissheit und ein verändertes Lebensgefühl. Auch Archie hatte neue Erfahrungen gesammelt, wenngleich auf einer anderen Ebene. Tod und Niederlage, Rückzug und Angst hatten ihn verändert. Die Folge war, dass wir uns fast wie Fremde begegneten.

Es war, als müssten wir wieder ganz von vorn anfangen. Der Unterschied zwischen uns beiden machte sich sofort bemerkbar. Seine betonte Lässigkeit, sein frivoles Gehaben störten mich. Ich war zu jung, um zu begreifen, dass es für ihn keine andere Möglichkeit gab, seinem neuen Leben die Stirn zu bieten. Ich wiederum war ernster und empfindsamer geworden und hatte jene Unbeschwertheit einer glücklichen Mädchenzeit weitgehend abgelegt. Es war, als bemühten wir uns vergeblich, einander näher zu kommen, als entdeckten wir bestürzt, dass wir vergessen hatten, wie wir das anstellen sollten.

In einem Punkt zeigte er sich entschlossen – das machte er von Anfang an klar: Heiraten kam nicht in Frage. «Das wäre völlig falsch», sagte er. «Auch meine Freunde denken so. Man darf nichts übereilen. Du kriegst eine Kugel ab, es erwischt dich, und du lässt eine junge Witwe zurück. Am Ende ist auch noch ein Kind unterwegs – nein, nein, das wäre egoistisch und falsch.»

Ich widersprach ihm auf das heftigste. Aber es gehörte zu Archies Charakterzügen, dass er immer restlos von bestimmten Ideen überzeugt war. Er war immer ganz sicher, dass er etwas tun müsse und es auch tun würde. Damit will ich nicht sagen, dass er nie seine Meinung änderte – doch, das tat er, und zuweilen recht plötzlich. Er konnte sogar von einem Extrem ins andere fallen und erklärte von diesem Augenblick an Schwarz für Weiß und Weiß für Schwarz. Worauf er dann von der Richtigkeit seines neuen Standpunkts ebenso restlos überzeugt war wie zuvor von dem gegenteiligen. Ich beugte mich seinem Willen, und wir machten uns daran, die wenigen Tage, die uns vergönnt waren, zu genießen.

Ein paar Tage London, und dann sollte ich mit ihm nach Clifton hinunterfahren und Weihnachten mit ihm im Hause seines Stiefvaters und seiner Mutter verbringen. Das war ein durchaus vernünftiges Arrangement, aber noch bevor wir nach Clifton abreisten, hatten wir einen richtigen Streit. Einen lächerlichen, aber deshalb nicht weniger erbittert geführten Streit.

Am Morgen unserer Abreise erschien Archie mit einem Geschenk für mich im Hotel. Es war ein prachtvolles Reisenecessaire, ein Stück, mit dem jede Millionärin, ohne sich schämen zu müssen, im Ritz hätte absteigen können. Hätte er mir einen Ring gebracht, ein Armband, wie teuer auch immer, ich würde keinen Einwand erhoben, würde das Geschenk freudig und stolz entgegengenommen haben; aber aus irgendeinem Grund revoltierte ich gegen das Necessaire. Ich hielt es für eine absurde Extravaganz, für etwas, das ich nie verwenden würde. Ich wollte es nicht haben, sagte ich, und er müsste es zurücktragen. Er war böse, ich war böse. Ich zwang ihn, es zurückzutragen. Eine Stunde später kam er wieder, und wir versöhnten uns. Wir verstanden nicht, was über uns gekommen war. Wie hatten wir so töricht sein können? Er gab zu, dass es ein dummes Geschenk gewesen war. Ich gab zu, dass es unhöflich von mir gewesen war, das zu sagen. Aber der Streit und die darauf folgende

Versöhnung führten dazu, dass wir uns jetzt noch näher standen als zuvor.

Mutter kehrte nach Devon zurück, und Archie und ich fuhren nach Clifton. Meine zukünftige Schwiegermutter ließ weiterhin ihren Charme spielen, wenn auch in etwas übertrieben irischer Manier. Ihr anderer Sohn Campbell sagte mir einmal: «Mutter ist eine sehr gefährliche Frau.» Damals verstand ich das nicht, aber heute glaube ich zu wissen, was er meinte. Die überströmende Zuneigung, die sie für einen Menschen aufbrachte, konnte von einem Moment zum andern ins Gegenteil umschlagen. Heute gefiel es ihr, ihre zukünftige Schwiegertochter zu lieben; morgen würde sie ihr alles Böse wünschen.

Es war eine anstrengende Fahrt nach Bristol: In den Zügen herrschten chaotische Zustände, und sie hatten stundenlange Verspätungen. Aber schließlich kamen wir doch an und wurden äußerst herzlich willkommen geheißen. Erschöpft von den Aufregungen des Tages und der Fahrt ging ich zu Bett.

Es mag eine halbe Stunde, vielleicht auch eine Stunde später gewesen sein, ich schlief noch nicht, als es an der Tür klopfte. Ich stand auf und öffnete. Es war Archie. Er kam herein, schloss die Tür hinter sich und sagte schroff: «Ich habe es mir überlegt. Wir müssen heiraten. Sofort. Morgen werden wir heiraten.»

«Aber du hast doch gesagt …»

«Kümmere dich nicht darum, was ich gesagt habe. Du hattest Recht, und ich hatte Unrecht. Natürlich ist es das einzig Vernünftige. Es bleiben uns noch zwei Tage, bis ich zurück muss.»

«Ja, aber …» Es gab so vieles, was ich hätte sagen wollen, aber nicht herausbrachte. Ich habe schon immer darunter gelitten, dass ich gerade dann nicht reden kann, wenn ich etwas klar sagen will.

«Das wird alles schrecklich kompliziert werden», sagte ich mit schwacher Stimme. Ich sah schon jetzt die hunderterlei Schwierigkeiten, die Archie nicht sah. Archie hatte immer nur das Wesentliche im Auge. Noch gestern hatte er es für einen Wahnsinn gehalten, im Krieg zu heiraten; heute war er felsenfest davon überzeugt, dass es das einzig Richtige für uns war. Die technischen Schwierigkeiten, die es zu überwinden galt, die verletzten Gefühle unserer engsten Verwandten, das alles berührte ihn überhaupt nicht. Wir gerieten uns in die Haare. Wir stritten uns fast so heftig, wie wir es vor vierundzwanzig Stunden getan hatten, diesmal natürlich mit umgekehrten Vorzeichen. Dass er auch diesmal Recht behielt, brauche ich nicht zu betonen.

«Aber ich glaube, man kann gar nicht so schnell heiraten», sagte ich zweifelnd. «Es ist sehr schwierig.»

«Natürlich können wir», erwiderte Archie fröhlich. «Wir können uns eine Sondergenehmigung verschaffen – vom Erzbischof von Canterbury.»

«Ist das nicht sehr teuer?»

«Es wird ein bisschen was kosten. Aber wir werden das schon schaffen. Es bleibt uns sowieso nichts anderes übrig. Morgen ist ja schon Heiligabend. Also, bist du einverstanden?»

Ich nickte. Er ging, und ich konnte die halbe Nacht nicht schlafen. Ich machte mir Sorgen. Was würde Mutter dazu sagen? Was würde Madge dazu sagen? Was würde Archies Mutter dazu sagen? Warum hatte Archie sich nicht in London für unsere Heirat entschieden, wo alles leicht und einfach gewesen wäre? Na ja. Erschöpft schlief ich ein.

Viele meiner Befürchtungen bewahrheiteten sich am nächsten Morgen. Zuerst mussten wir es Peg beibringen. Sie brach sofort in hysterische Tränen aus und zog sich ins Bett zurück.

«Dass mein eigener Sohn mir das antun muss!», seufzte sie.

«Archie», sagte ich, «wir sollten es besser lassen. Deine Mutter ist ganz außer sich.»

«Ist mir doch egal, ob sie außer sich ist oder nicht», gab Archie zurück. «Wir sind seit zwei Jahren verlobt. Sie hat genug Zeit gehabt, sich an den Gedanken zu gewöhnen.»

«Sie scheint es schrecklich schwer zu nehmen.»

«Mich so aufzuregen!», schluchzte Peg. Sie lag, ein in Eau de Cologne getränktes Taschentuch auf der Stirn, in ihrem verdunkelten Schlafzimmer. Archie und ich standen da wie zwei begossene Pudel. Archies Stiefvater erlöste uns. Er holte uns ins Wohnzimmer hinunter und sagte: «Ich finde, ihr macht es genau richtig. Sorgt euch nicht wegen Peg. Sie verliert immer die Fassung, wenn sie von etwas überrascht wird. Sie hat dich sehr gern, Agatha, und sie wird sich sehr darüber freuen, sobald sie sich wieder beruhigt hat. Aber erwartet nicht von ihr, dass sie sich schon heute freut. Und jetzt geht los und veranlasst alles Nötige. Es bleibt euch nicht allzu viel Zeit. Und vergesst nicht: Ich bin sicher, ich bin ganz sicher, dass ihr es richtig macht.»

Obwohl ich den Tag ziemlich beklommen und besorgt begonnen hatte, war ich schon zwei Stunden später voller Kampfeslust. Es gab enorme Schwierigkeiten zu überwinden, und je geringer unsere Aussicht wurde, noch heute heiraten zu können, desto fester waren wir entschlossen, es doch zu schaffen.

Zuerst fragte Archie einen seiner früheren Religionslehrer um Rat. Angeblich wäre eine Sondergenehmigung von *Doctor's Commons,* dem für Ehe- und Testamentsangelegenheiten zuständigen Gerichtshof, für fünfundzwanzig Pfund zu bekommen, wurde uns gesagt. Weder Archie noch ich besaßen fünfundzwanzig Pfund, aber das störte uns nicht weiter; sicher würden wir uns das Geld von jemandem leihen können. Das

Schwierige war, dass man persönlich diese Erlaubnis einholen musste und dass man sie am Weihnachtstag nicht ausgestellt bekam. Mit der Sondergenehmigung war es also Essig. Dann gingen wir auf ein Standesamt. Auch hier wurden wir abgewiesen. Man muss sich vierzehn Tage vor der Zeremonie anmelden. Die Zeit verging. Aber ein freundlicher Beamter, mit dem wir bisher noch nicht gesprochen hatten, wusste Rat. «Mein lieber Freund», sagte er zu Archie, «Sie haben doch hier Ihren Wohnsitz, nicht wahr? Ich meine, Ihre Mutter und Ihr Stiefvater wohnen hier?»

«Ja», antwortete Archie.

«Sie haben also einen Koffer hier, Sie haben einen Teil Ihrer Kleidung, Ihrer Sachen hier, nicht wahr?»

«Ja.»

«Dann brauchen Sie keine vierzehn Tage zu warten. Sie können eine ganz gewöhnliche Heiratserlaubnis kaufen und in Ihrer Pfarrkirche noch heute Nachmittag heiraten.» Die Eheerlaubnis kostete acht Pfund. Die hatten wir. Was dann kam, war eine einzige Hetzerei.

Wir suchten den Vikar der Kirche am Ende der Straße. Er war nicht dort. Wir fanden ihn im Haus eines Freundes. Überrascht erklärte er sich bereit, die Zeremonie vorzunehmen. Wir sausten zu Peg zurück, um uns mit einer Kleinigkeit zu stärken. Mit Peg selbst war nichts anzufangen: «Ich will nichts hören», rief sie, «ich will nichts hören!» und versperrte ihre Tür.

Wir hatten keine Zeit zu verlieren. Wir eilten zur Kirche – es war die Emmanuelkirche, glaube ich. Dann stellte sich heraus, dass wir einen zweiten Zeugen brauchten. Ich stürzte auf die Straße hinaus und wollte schon den erstbesten Fremden in die Kirche lotsen, als ganz zufällig ein Mädchen vorbeikam, das ich kannte. Ich hatte vor zwei Jahren ein paar Tage bei ihr in Clifton gewohnt. Yvonne Bush war zwar einigermaßen überrascht, erklärte sich aber bereit, als impromptu Brautjungfer und Zeugin zu fungieren. Wir liefen in die Kirche zurück. Der Organist stimmte den Hochzeitsmarsch an.

Noch selten hatte sich eine Braut weniger um ihr Aussehen gekümmert als ich, ging es mir durch den Kopf, als die Zeremonie begann. Kein weißes Kleid, keinen Schleier, nicht einmal eine besonders hübsche Bluse. Ich trug ein ganz gewöhnliches Kostüm mit einem kleinen purpurfarbenen Samthut, und ich hatte nicht einmal Zeit gehabt, mir das Gesicht oder die Hände zu waschen. Wir mussten beide darüber lachen.

Die Zeremonie ging ordnungsgemäß zu Ende – und wir nahmen die nächste Hürde in Angriff. Da Peg immer noch nicht ansprechbar war, beschlossen wir nach Torquay zu fahren, dort im Grandhotel abzusteigen und den Weihnachtsabend mit meiner Mutter zu verbringen. Aber zuerst musste ich sie natürlich anrufen und ihr mitteilen, was geschehen war. Es war sehr schwer durchzukommen, und das Ergebnis meiner Bemühungen nicht gerade überwältigend. Meine Schwester war da und reagierte sehr ungehalten auf meine Mitteilung.

«Mutter so zu überrumpeln! Du weißt doch, wie schwach ihr Herz ist! Du bist wirklich gefühllos!»

Wir stiegen in den Zug – er war gestoßen voll – und kamen gegen Mitternacht in Torquay an. Ich fühlte mich nicht ganz frei von Schuld. Die Menschen, die uns am nächsten standen, waren böse auf uns. Wir hatten so viel Unruhe in ihr Leben gebracht. Ich glaube nicht, dass Archie meine Gefühle teilte, und wenn, würde es ihn nicht weiter beunruhigt haben. Sehr bedauerlich, dass die Leute sich so aufregen, würde er gesagt haben, was war denn schon dabei? Wir hatten das einzig Richtige getan – er war dessen ganz sicher. Nur eines machte ihn nervös. Das zeigte sich, als wir in den Zug stiegen und er plötzlich, wie ein Zauberkünstler, einen zweiten Koffer hervorzog. «Ich hoffe», wandte er sich an seine junge Braut, «ich hoffe, du bist nicht böse deswegen.»

«Archie! Es ist das Reisenecessaire!»

«Ja. Ich habe es nicht zurückgetragen. Es macht dir doch nichts aus, nicht wahr?»

«Natürlich nicht. Ich bin froh, dass du es mir wieder schenkst.»

War unser Hochzeitstag ein einziger Kampf gegen eine ganze Reihe von Krisen gewesen, so gestaltete sich der Weihnachtstag wohltuend und friedlich. Alle hatten Zeit gehabt, über ihren Schock hinwegzukommen. Madge war liebevoll und hatte ihren Ärger vom Vortag völlig vergessen; Mutter hatte sich von ihrer Herzattacke erholt und sonnte sich in unserem Glück. Auch Peg, so hoffte ich, war wieder auf den Beinen. (Archie versicherte mir, dass ich daran nicht zweifeln müsse.) Und so genossen wir den Weihnachtstag in vollen Zügen. Am nächsten Tag fuhr ich mit Archie nach London und verabschiedete mich von ihm, als er sich wieder nach Frankreich einschiffte. Ich sollte ihn sechs lange Monate nicht wieder sehen.

Der unfolgsame Esel

Es war einmal ein sehr unfolgsamer kleiner Esel. Er liebte es geradezu, unfolgsam zu sein. Wenn ihm etwas auf den Rücken geladen wurde, dann warf er es ab, und er rannte den Leuten nach und versuchte, sie zu beißen. Sein Herr konnte nichts mit ihm anfangen, und so verkaufte er ihn an einen anderen Herrn, und dieser Herr konnte auch nichts mit ihm anfangen und verkaufte ihn ebenfalls, und schließlich wurde er für ein paar Pfennige einem schrecklichen alten Mann gegeben, der alte, abgearbeitete Esel aufkaufte und sie durch Schinderei und schlimme Behandlung umbrachte. Aber der unfolgsame Esel jagte den alten Mann und biss ihn und rannte dann mit fliegenden Hufen davon. Er wollte sich nicht wieder einfangen lassen, deshalb schloss er sich einer Menschenmenge an, die ihres Weges zog.

«Unter all den vielen Menschen wird niemand wissen, wo ich hingehöre», dachte sich der Esel.

Die Menschen zogen alle nach der Stadt Bethlehem, und als sie dort ankamen, gingen sie in einen großen *Khan* voller Menschen und Tiere.

Der kleine Esel aber schlüpfte in einen hübschen kleinen Stall, in dem schon ein Ochse und ein Kamel standen. Das Kamel war sehr hochmütig wie alle Kamele, denn die Kamele glauben, nur sie allein wüssten den hundertsten und geheimen Namen Gottes. Das Kamel war zu stolz, um mit dem Esel zu sprechen. Deshalb begann der Esel zu prahlen. Er prahlte furchtbar gerne.

«Ich bin ein ganz außergewöhnlicher Esel», sagte er. «Ich kann sowohl in die Zukunft als auch in die Vergangenheit sehen.»

«Wie soll denn das gehen?», brummte der Ochse.

«Na ja, einfach genauso, wie ich vorwärts- und rückwärtslaufen kann. Meine Urur-siebenunddreißigmal Urgroßmutter war die sprechende Eselin des Propheten Bileam und hat mit eigenen Augen den Engel des Herrn gesehen.»

Aber der Ochse kaute ungerührt weiter, und das Kamel blieb weiter hochmütig.

Bald darauf kamen ein Mann und eine Frau herein, und es gab eine Menge Aufregung, aber der Esel fand rasch heraus, dass es da gar nichts zum Aufregen gab außer einer Frau, die ein Kind kriegte, und das passiert schließlich jeden Tag. Und nachdem das Kind geboren war, liefen Hirten herbei und machten ein großes Getue um das Kind – aber Hirten sind eben sehr einfältige Leute.

Aber dann erschienen Männer in reicher Kleidung.

«VIPs», zischte das Kamel.

«Was ist das?», fragte der Esel.

«Hochwichtige Leute, die Geschenke bringen», sagte das Kamel.

Der Esel dachte, die Geschenke seien vielleicht was Gutes zum Essen, und als es dunkel wurde, schnupperte er daran herum. Aber das erste Geschenk war gelb und hart und ohne Geschmack, das zweite brachte den Esel zum Niesen, und als er am dritten leckte, schmeckte es ekelhaft und bitter.

«Was für blödsinnige Geschenke», brummte der Esel enttäuscht. Aber als er so neben der Krippe stand, streckte das Neugeborene seine kleine Hand aus, fasste ein Ohr des Esels und hielt es fest, wie kleine Kinder das tun.

Da passierte etwas ganz Merkwürdiges: Der Esel hatte auf einmal keine Lust mehr, unfolgsam zu sein. Zum ersten Mal in seinem Leben wollte er brav sein. Und er wollte dem Kind ein Geschenk machen, aber er hatte nichts zu verschenken. Das Kind schien sein Ohr zu mögen, aber das Ohr war ja ein Teil von *ihm.* Da hatte er eine merkwürdige Idee: Vielleicht konnte er *sich selbst* dem Kind schenken?

Kurz darauf kam Joseph mit einem hoch gewachsenen Fremdling herein. Der Fremde sprach eindringlich auf Joseph ein, und als der Esel die beiden anstarrte, traute er kaum seinen Augen!

Der Fremde schien sich aufzulösen, und an seiner Stelle stand ein Engel des Herrn, eine goldene Gestalt mit Flügeln. Aber gleich darauf verwandelte sich der Engel in einen Mann zurück.

«Du liebe Zeit, ich sehe Gespenster», sagte der Esel zu sich. «Das muss von all dem Heu kommen, das ich gefressen habe.»

Joseph sprach mit Maria.

«Wir müssen das Kind nehmen und fliehen. Es ist keine Zeit zu verlieren.» Sein Blick fiel auf den Esel. «Wir nehmen den Esel hier.»

Und so zogen sie auf die Straße, die von Bethlehem wegführte. Aber als sie an eine enge Stelle kamen, versperrte ihnen ein Engel des Herrn mit einem flammenden Schwert den Weg, und der Esel, der ihn als Einziger sah, wandte sich seitwärts und begann den Hügel hinaufzuklettern. Joseph versuchte, ihn auf die Straße zurückzuführen, aber Maria sagte: «Lass ihn. Denk an den Propheten Bileam.»

Denn hatte nicht Bileams Eselin ihren Herrn vor dem Verderben errettet, weil sie störrisch ihren eigenen Weg einschlug?

Und gerade als sie im Schutz einiger Olivenbäume angelangt waren, kamen mit gezogenen Schwertern die Soldaten des Königs Herodes die Straße heruntergesprengt.

«Genau wie bei meiner Urgroßmutter», sagte der Esel, äußerst zufrieden mit sich. «Nimmt mich nur wunder, ob ich nun auch in die Zukunft sehen kann.»

Er blinzelte mit den Augen – und sah ein verschwommenes Bild: einen Esel, der in eine Grube gefallen war, und einen Mann, der half, ihn herauszuziehen …

«Na, so was, das ist ja mein Herr als erwachsener Mann», sagte der Esel. Dann sah er ein anderes Bild: denselben Mann, der auf einem Esel in eine Stadt ritt … «Natürlich», sagte der Esel. «Er wird zum König gekrönt!»

Aber die Krone schien nicht aus Gold, sondern aus Dornen zu sein. Der Esel liebte zwar Dornen und Disteln, aber für eine Krone erschienen sie ihm doch unpassend. Und dann war da noch etwas auf einem Schwamm, bitter wie die Myrrhe, an der er im Stall geschnuppert hatte …

Und der kleine Esel wusste plötzlich, dass er nicht mehr in die Zukunft sehen wollte. Er wollte nur in den Tag hinein leben, seinen kleinen Herrn lieben und von ihm geliebt werden und ihn und seine Mutter sicher nach Ägypten tragen.

Eine Weihnachtstragödie – ein Fall für Miss Marple

Ich möchte eine Beschwerde vorbringen», erklärte Sir Henry Clithering.

Mit zwinkernden Augen blickte er sich im Kreise um. Colonel Bantry saß mit ausgestreckten Beinen im Sessel und starrte mit gerunzelter Stirn auf den Kaminsims. Seine Frau blätterte in einem Blumenkatalog. Dr. Lloyd blickte mit offener Bewunderung auf Jane Helier, und diese betrachtete nachdenklich ihre rosafarbenen, polierten Fingernägel. Nur Miss Marple saß kerzengerade auf ihrem Stuhl und zwinkerte Sir Henry ebenfalls mit ihren blauen Augen zu.

«Eine Beschwerde?», murmelte sie.

«Eine sehr ernste Beschwerde. Wir sind hier heute Abend sechs Personen; drei Vertreter jeden Geschlechts, und ich protestiere im Namen der unterdrückten männlichen Wesen. Wir haben drei Geschichten gehört, die alle von den Männern erzählt wurden! Ich erkläre hiermit feierlich, dass die Damen nicht ihren angemessenen Teil zur Unterhaltung beigetragen haben.»

«Oho!», erwiderte Mrs. Bantry empört. «Das möchte ich bestreiten. Wir haben mit größtem Verständnis zugehört. Außerdem haben wir ein geziemendes Wesen an den Tag gelegt, das sich davor scheut, die Blicke aller auf sich zu ziehen!»

«Eine ausgezeichnete Entschuldigung», bemerkte Sir Henry, «aber wir lassen sie nicht gelten. Ich bin überzeugt, dass eine der Damen ein besonders geschätztes Geheimnis in petto hat. Wie ist es, Miss Marple, mit der ‹Merkwürdigen Begebenheit mit der Putzfrau› oder der ‹Mysteriösen Angelegenheit bei der Mütterversammlung›? Sie und St. Mary Mead dürfen mich nicht enttäuschen.»

Kopfschüttelnd erwiderte Miss Marple:

«Ich habe nicht viel erlebt, Sir Henry. Wir haben zwar unsere kleinen rätselhaften Angelegenheiten, aber die würden Sie nicht interessieren.»

«Und wie steht's mit Ihnen, Miss Helier?», fragte Colonel Bantry. «Sie müssen doch sicher interessante Erlebnisse gehabt haben.»

«Ja, wirklich», stimmte Dr. Lloyd zu.

«Ich?», fragte Jane. «Sie meinen, dass ich Ihnen jetzt von mir erzähle?»

«Oder irgendetwas, das einem Ihrer Freunde passiert ist», ergänzte Sir Henry.

«Oh!», sagte Jane vage. «Ich glaube, ich habe gar nichts Besonderes erlebt – jedenfalls nicht so etwas. Blumen natürlich und seltsame Botschaften – aber das sind einfach Männergeschichten, nicht wahr? Ich glaube nicht –» Sie brach gedankenverloren ab.

«Ich sehe schon, wir müssen auf die kleinen Angelegenheiten zurückkommen», meinte Sir Henry. «Also beginnen Sie, Miss Marple.»

«Sie belieben wohl zu scherzen, Sir Henry. Aber wenn ich so darüber nachdenke, fällt mir tatsächlich eine Begebenheit ein – Begebenheit ist allerdings nicht der richtige Ausdruck, es handelt sich um etwas viel Ernsteres: um eine Tragödie. Und ich war gewissermaßen darin verwickelt. Aber was ich getan habe, hat mich nie gereut – niemals. Doch ist es nicht in St. Mary Mead geschehen.»

«Da bin ich aber enttäuscht», meinte Sir Henry. «Aber ich werde versuchen, mich damit abzufinden. Ich wusste ja, dass wir uns auf Sie verlassen können.»

Er setzte sich voller Erwartung in seinem Sessel zurecht.

«Ich hoffe, dass ich es Ihnen richtig schildern kann», sagte sie ein wenig vorsichtig. «Ich neige etwas zur Weitschweifigkeit. Ohne es zu wissen, verliert man oft den Faden, und es ist so schwer, sich an die richtige Reihenfolge zu erinnern. Sie müssen Geduld mit mir haben, wenn ich mich als eine schlechte Erzählerin entpuppe. Außerdem ist es schon so lange her.

Wie gesagt, die Geschichte spielte sich nicht in St. Mary Mead, sondern in einem Thermalbadeort ab.»

«Unfreundliche Plätze», schob Colonel Bantry ein, «absolut scheußlich! Man muss früh aus den Federn und dieses widerliche Wasser trinken. Alte Frauen sitzen massenweise herum, mit ihren tausend kleinen Gebrechen und ihrem endlosen Geschwätz. Mein Gott, wenn ich bloß daran denke –»

«Das ist leider wahr», stimmte Miss Marple ihm zu. «Ich selbst –»

«Meine liebe Miss Marple», rief der Colonel entsetzt. «Ich habe natürlich nicht für eine Sekunde –»

Rosa angehaucht brachte sie ihn mit einer kleinen Geste zum Schweigen.

«Aber es ist wahr, Colonel. Nur möchte ich noch etwas hinzufügen. Was war es doch gleich? Ach so, ja. Es wird, wie Sie sagen, viel gelästert. Und die Menschen urteilen sehr hart darüber – besonders junge Menschen. Mein Neffe, der Bücher schreibt – und, wie ich glaube, sehr gescheite –, hat äußerst sarkastische Bemerkungen gemacht über Leute, die ohne jeglichen Beweis den guten Ruf anderer vernichten.

Hierzu möchte ich bemerken, dass die jungen Leute oft nicht nachdenken oder die Tatsachen prüfen. An dem Getratsche ist nämlich meistens sehr viel Wahres dran! Und wenn die jungen Leute der Sache einmal auf den Grund gingen, würden sie die Entdeckung machen, dass es in neun von zehn Fällen stimmt. Und darum regen sich die Leute auch so darüber auf.»

«Die göttliche Eingebung, wie?», sagte Sir Henry ironisch.

«O nein, durchaus nicht. Es handelt sich in Wirklichkeit um praktische Erfahrungen. Wenn Sie einem Ägyptologen einen dieser merkwürdigen kleinen Käfer zeigen, kann er Ihnen, wie ich gehört habe, aus dem Gefühl heraus sagen, welcher Periode er angehört oder ob es eine Imitation aus Birmingham ist. Aber er kann nicht immer bestimmte Gründe dafür angeben. Er weiß es eben. Er hat sich ein Leben lang mit solchen Dingen beschäftigt.

Ebenso haben die von meinem Neffen als ‹nutzlos› bezeichneten Frauen sehr viel freie Zeit, und sie interessieren sich in der Hauptsache für Menschen. Und auf diese Weise werden sie sozusagen Sachverständige auf diesem Gebiet. Nun, diese jungen Leute heutzutage – sie reden sehr frei über Dinge, die in meiner Jugend nicht erwähnt wurden; auf der anderen Seite aber sind sie sehr naiv. Sie glauben an alles und jeden. Und wenn man sie noch so sanft zu warnen versucht, wird einem gesagt, man sei viktorianisch – und damit ist die Sache erledigt.

Nun muss ich bekennen, dass ich auch etwas empfindlich bin, und gedankenlose Bemerkungen haben mich schon oft aufs tiefste verletzt. Ich weiß, Männer interessieren sich nicht für häusliche Angelegenheiten, aber ich muss doch kurz mein Hausmädchen Ethel erwähnen – ein sehr hübsches Mädchen und in jeder Weise gefällig. Nun, sobald ich sie sah, wusste ich, dass sie der gleiche Typ wie Annie Webb war. Wenn sich die Gelegenheit ergab, würde sie mein und dein nicht unterscheiden können.

Daher ließ ich sie am Ende des Monats gehen und schrieb ihr ins Zeugnis, dass sie ehrlich und bescheiden sei. Aber unter vier Augen warnte ich die alte Mrs. Edwards davor, sie zu nehmen. Mein Neffe Raymond war entsetzt und erklärte mir, er habe noch nie so etwas Schändliches – ja, Schändliches – gehört. Na, sie ging dann zu Lady Ashton, die zu warnen ich mich nicht verpflichtet fühlte. Und was geschah? Alle Spitzen wurden von ihrer Unterwäsche abgeschnitten und zwei Diamantbroschen gestohlen – und das Mädchen schlich sich mitten in der Nacht davon, und seitdem hat man nichts mehr von ihr gehört!»

Miss Marple hielt inne, holte tief Atem und fuhr dann fort.

«Sie werden sicher denken, dies alles hat nichts zu tun mit dem, was sich in dem Kurort ereignete – aber indirekt ist es doch so. Denn es ist eine Erklärung dafür, warum ich nicht den geringsten Zweifel daran in meinem Herzen hatte – gleich als ich die beiden Sanders zusammen sah –, dass er beabsichtigte, sie umzubringen.»

«Was sagen Sie da?», fragte Sir Henry erstaunt.

«Ich sagte, Sir Henry, dass ich durchaus nicht im Zweifel war. Mr. Sanders war ein stattlicher, gut aussehender Mann von sehr herzlichem Wesen und bei allen recht beliebt. Und niemand hätte netter zu seiner Frau sein können als er. Aber ich wusste Bescheid! Er hatte die Absicht, sie aus dem Weg zu räumen.»

«Aber meine liebe Miss Marple –»

«Ja, ich weiß. Mein Neffe Raymond West würde mir dasselbe sagen, nämlich, dass ich nicht den geringsten Beweis hätte. Aber ich muss dabei an Walter Hones denken, den Wirt des ‹Grünen Mannes›. Als er eines Abends mit seiner Frau nach Hause ging, fiel sie in den Fluss – und er ließ sich das Versicherungsgeld auszahlen! Ich könnte noch ein paar Leute anführen, die bis heute ungestraft herumlaufen – sogar einen aus unseren

Kreisen. Verbrachte die Sommerferien in der Schweiz, um mit seiner Frau Kletterpartien zu machen. Ich bat sie vorher, nicht mitzufahren; das arme Geschöpf wurde nicht einmal zornig mit mir, wie man es hätte erwarten können – sie lachte nur. Es erschien ihr komisch, dass eine merkwürdige Alte wie ich so etwas über ihren Harry sagen sollte. Na, und dann gab es eben einen Unfall – und Harry ist jetzt mit einer anderen Frau verheiratet. Aber was konnte ich tun? Ich wusste es zwar, hatte aber keine Beweise.»

«Oh! Miss Marple», rief Mrs. Bantry. «Das ist doch wohl nicht möglich!»

«Meine Liebe, solche Dinge passieren alle Tage. Und Männer sind dieser Versuchung besonders ausgesetzt, da sie so viel stärker sind. Es ist ja so leicht, wenn es wie ein Unfall aussieht. Wie gesagt, bei den Sanders hatte ich denselben Eindruck. Wir fuhren mit der Straßenbahn. Da unten alles voll war, mussten wir nach oben klettern. Dann standen wir alle drei auf, um auszusteigen, und Mr. Sanders verlor das Gleichgewicht und fiel heftig gegen seine Frau, die kopfüber nach unten stürzte. Glücklicherweise war der Schaffner ein starker junger Mann und fing sie geschickt auf.»

«Das war aber doch bestimmt ein Zufall.»

«Natürlich war es ein Zufall – nichts hätte zufälliger aussehen können. Aber Mr. Sanders war, wie er mir erzählt hatte, in der Handelsmarine gewesen, und wenn jemand auf einem schwankenden Schiff das Gleichgewicht bewahren kann, verliert er es nicht gleich in einer Elektrischen, zumal wenn eine alte Frau wie ich fest auf den Füßen steht. Das kann mir keiner weismachen.»

«Jedenfalls dürfen wir annehmen, dass Ihnen die Sache auf der Stelle sonnenklar war, nicht wahr, Miss Marple?», meinte Sir Henry.

Die alte Dame nickte.

«Ich war ziemlich sicher, und ein anderer Zwischenfall, als wir später die Straße überquerten, bestätigte meinen Eindruck. Nun frage ich Sie, Sir Henry, was konnte ich machen? Hier war eine nette, zufriedene, glückliche kleine Frau, die in Kürze ermordet werden sollte.»

«Meine liebe gnädige Frau, ich bin einfach sprachlos.»

«Seien Sie nicht so ironisch. Wie die meisten Leute heutzutage neigen Sie zu der Ansicht, dass so etwas nicht möglich ist. Aber es verhielt sich so, und ich wusste es. Leider ist man in seiner Handlungsweise so sehr behindert. Ich konnte zum Beispiel nicht zur Polizei gehen. Und die junge Frau zu warnen wäre völlig nutzlos gewesen; denn ich konnte sehen, dass sie diesen Mann liebte. Also bemühte ich mich darum, so viel wie möglich über sie in Erfahrung zu bringen. Man hat reichlich Gelegenheit dazu, wenn man am Feuer sitzt und Handarbeiten macht. Mrs. Sanders, Gladys hieß sie mit Vornamen, redete nur zu gern. Allem Anschein nach waren sie noch nicht lange verheiratet. Ihr Mann hatte Aussicht, bald in den Besitz eines Vermögens zu kommen. Aber im Augenblick waren sie ziemlich schlecht dran. Ja, sie lebten von ihrem kleinen Einkommen. Diese Geschichte ist nicht neu. Sie bedauerte es sehr, dass sie ihr Kapital nicht anrühren konnte. Anscheinend hatte irgendjemand irgendwo etwas Verstand gehabt! Aber ich bekam heraus, dass sie das Geld testamentarisch einer anderen Person vermachen konnte. Und sie und ihr Mann hatten gleich nach der Hochzeit jeder ein Testament zugunsten des anderen gemacht. Sehr rührend. Natürlich, wenn Jacks Angelegenheit in Ordnung kam – das war der Refrain, den man den ganzen Tag hörte, und inzwischen waren sie so arm wie Kirchenmäuse, hatten sogar ein Zimmer im oberen Stockwerk, wo die Dienstboten alle schliefen – wie gefährlich, falls ein Feuer ausbrach! Obgleich zufälligerweise gerade hinter ihrem Fenster eine Feuertreppe hinabführte. Ich erkundigte mich vorsichtig danach, ob auch ein Balkon vorhanden sei – sehr gefährlich, so ein Balkon. Ein Stoß genügt!

Ich nahm ihr das Versprechen ab, nicht auf den Balkon zu treten, unter dem Vorwand, dass ich einen Traum gehabt hätte. Das machte einen tiefen Eindruck auf sie – manchmal kann man durch Aberglauben sehr viel erreichen. Sie war ein blonder Typ mit käsiger Gesichtsfarbe und einer unordentlichen Haarrolle im Nacken. Sehr leichtgläubig. Sie erzählte, was ich ihr gesagt hatte, ihrem Mann, und es fiel mir auf, dass er mich ein paar Mal recht merkwürdig anschaute. Er war nicht leichtgläubig, und er wusste, dass ich auch in der Straßenbahn gewesen war.

Aber ich war in Sorge – in schrecklicher Sorge –, weil ich nicht wusste, wie ich ihn an der Ausführung seines Planes hindern konnte. Für den Augenblick wäre es mir natürlich möglich gewesen. Ich hätte ihm nur mit ein paar Worten anzudeuten brauchen, dass ich Verdacht gegen ihn schöpfte. Aber dann hätte er seinen Plan einfach auf später verschoben. Nein, ich gelangte allmählich zu der Überzeugung, dass nur ein kühner Schritt sie retten konnte – man musste ihm eine Falle stellen. Wenn man ihn dazu bringen konnte, einen Anschlag auf ihr Leben zu machen nach einem von mir entworfenen Plan – nun, dann vermochte man ihn zu entlarven, und sie war gezwungen, der Wahrheit ins Auge zu sehen, wie schwer der Schock für sie auch sein mochte.»

«Ich bin sprachlos», erklärte Dr. Lloyd. «Was für einen Plan hätten Sie da bloß in Anwendung gebracht?»

«Keine Angst, ich hätte schon einen gefunden», erwiderte Miss Marple. «Aber der Mann war zu schlau für mich. Er wartete nicht. Wahrscheinlich ahnte er, dass ich misstrauisch war. Also schlug er zu, bevor ich sicher sein konnte. Er wusste, dass ich bei einem Unfall Verdacht schöpfen würde. So machte er gleich einen Mord daraus.»

Alle im Kreise schnappten nach Luft. Miss Marple nickte und fuhr mit grimmiger Miene fort:

«Ich befürchte, ich bin ein wenig unvermittelt damit herausgeplatzt, und ich will versuchen, Ihnen der Reihe nach alles zu erzählen. Stets verspüre ich eine gewisse Bitterkeit – es will mir scheinen, als hätte ich es irgendwie verhindern sollen. Aber das Schicksal hat es vielleicht nicht anders gewollt. Auf jeden Fall habe ich getan, was in meinen Kräften stand.

Es lag ein seltsam unheimliches Gefühl in der Luft. Etwas schien auf uns allen zu lasten. Eine Ahnung von nahem Unheil. Zunächst war da einmal die Geschichte mit George, dem Portier. Er war jahrelang dort gewesen und kannte jeden. Dann bekam er Bronchitis und eine Lungenentzündung und starb am vierten Tag. Schrecklich traurig. Ein wirklicher Schlag für alle. Noch dazu vier Tage vor Weihnachten! Dann bekam eines der Hausmädchen – ein so nettes Geschöpf – eine Blutvergiftung am Finger und starb tatsächlich innerhalb von vierundzwanzig Stunden.

Ich war gerade mit Miss Trollope und der alten Mrs. Carpenter im Salon, und Mrs. Carpenter war geradezu dämonisch – sie schien sich regelrecht daran zu weiden.

‹Hören Sie auf mich›, sagte sie. ‹Dies ist noch nicht das Ende. Sie kennen doch das Sprichwort? Aller guten Dinge sind drei. Das habe ich immer wieder erlebt. Wir werden noch einen Todesfall haben. Ganz ohne Zweifel. Und wir brauchen nicht lange zu warten. Aller guten Dinge sind drei.›

Bei diesen Worten, die sie, mit dem Kopf nickend, beim Geklapper ihrer Stricknadeln hervorbrachte, blickte ich zufällig auf, und da stand Mr. Sanders im Türrahmen. Einen Augenblick lang war er nicht auf der Hut, und ich sah die nackte Wahrheit in seinen Augen. Bis zu meiner letzten Stunde glaube ich, dass es die Worte dieser grässlichen Mrs. Carpenter waren, die den Plan bei ihm auslösten. Ich konnte ganz deutlich sehen, welche Gedanken sich hinter seiner Stirn verbargen.

In seiner jovialen Art lächelnd, trat er ins Zimmer.

‹Kann ich für die Damen irgendwelche Weihnachtseinkäufe erledigen?›, fragte er. ‹Ich gehe nämlich gleich in den Ort.›

Lachend und schwatzend blieb er noch eine Weile und ging dann hinaus. Voller Unruhe fragte ich sofort:

‹Wo ist Mrs. Sanders eigentlich? Weiß es jemand?›

Miss Trollope erwiderte, sie sei zu ihren Freunden, den Mortimers, gegangen, um Bridge zu spielen, und das beruhigte mich im Augenblick ein wenig. Aber ich war immer noch sehr besorgt und unschlüssig, ob ich etwas unternehmen sollte. Eine halbe Stunde später ging ich auf mein Zimmer. Auf der Treppe begegnete ich meinem Arzt, Dr. Coles, und da ich ihn sowieso wegen meines Rheumatismus um Rat fragen wollte, nahm ich ihn mit in mein Zimmer. Dort erwähnte er mir gegenüber (im Vertrauen, sagte er) den Tod des armen Hausmädchens Mary. Der Geschäftsführer wünsche nicht, dass es sich herumspräche, sagte er, und ich solle es daher für mich behalten. Natürlich erwähnte ich nicht, dass wir alle während der letzten Stunde – von dem Augenblick an, als das arme Mädchen seinen letzten Atemzug getan hatte – von nichts anderem mehr geredet hatten. So etwas ist doch immer gleich bekannt, und ein Mann von seiner Erfahrung hätte das wissen müssen. Aber Dr. Coles war von jeher ein schlichter, naiver Mann, der glaubte, was er glauben wollte, und gerade das beunruhigte mich eine Sekunde später. Als er sich verabschiedete, erwähnte er, dass Sanders ihn gebeten habe, sich seine Frau mal anzusehen, sie fühle sich schlecht; irgendetwas stimme nicht mit ihr.

Und am selben Tage hatte mir Gladys Sanders selber erzählt, dass sie in allerbester Verfassung wäre, wofür sie sehr dankbar sei.

Sehen Sie? Mein ganzer Verdacht gegen diesen Mann kehrte hundertfach zurück. Er traf Vorbereitungen – aber wofür? Dr. Coles war gegangen, ehe ich mich entschließen konnte, ob ich mit ihm reden sollte oder nicht. Und ich hätte auch nicht recht gewusst, wie ich mich ausdrücken sollte. Als ich aus meinem Zimmer trat, kam Sanders selbst die Treppe vom nächsten Stockwerk herunter. Er trug Straßenkleidung und fragte mich abermals, ob er mir in der Stadt etwas besorgen könne. Ich musste mich sehr beherrschen, um nicht unhöflich zu ihm zu sein! Dann ging ich in die Diele und bestellte mir Tee. Es ging schon auf halb sechs zu, wie ich mich entsinne.

Um Viertel vor sieben, als Mr. Sanders hereinkam, war ich immer noch in der Diele. Er hatte zwei Herren bei sich, und alle drei waren in ziemlich gehobener Stimmung. Mr. Sanders ließ seine beiden Freunde stehen und kam sofort zu dem Tisch, an dem ich mit Miss Trollope saß. Er bat uns um Rat wegen eines Weihnachtsgeschenks für seine Frau. Es war eine Abendhandtasche.

‹Meine Damen›, erklärte er, ‹ich bin nur ein rauer Seemann. Was weiß ich schon von diesen Dingen? Ich habe mir drei zur Auswahl schicken lassen und wäre Ihnen für Ihren sachkundigen Rat sehr dankbar.›

Wir versicherten ihm natürlich, dass es uns ein Vergnügen sein werde, und er fragte uns, ob es uns etwas ausmache, mit ihm nach oben zu gehen, da seine Frau jede Minute kommen könne und sonst die Taschen sehen würde. Also gingen wir mit ihm hinauf. Niemals werde ich die nächsten Minuten vergessen – mich überläuft jetzt noch eine Gänsehaut.

Mr. Sanders öffnete die Tür zum Schlafzimmer und drehte das Licht an. Ich weiß nicht, wer von uns sie zuerst sah…

Mrs. Sanders lag mit dem Gesicht nach unten auf dem Boden – tot. Ich war zuerst bei ihr, kniete nieder, nahm ihre Hand und fühlte nach dem Puls, aber es war sinnlos, denn der Arm war schon kalt und steif. Unmittelbar neben ihrem Kopf lag ein mit Sand gefüllter Strumpf – offensichtlich die Waffe, mit der sie niedergeschlagen worden war. Miss Trollope, dieses törichte Geschöpf, stand an der Tür und jammerte zum Steinerweichen. Mit dem Schrei ‹Meine Frau, meine Frau!› stürzte Mr. Sanders an ihre Seite. Ich hinderte ihn daran, sie zu berühren; denn ich war überzeugt, dass er der Täter war, und glaubte, er wolle vielleicht etwas fortnehmen und verstecken.

‹Es darf nichts angerührt werden›, erklärte ich. ‹Reißen Sie sich zusammen, Mr. Sanders. Miss Trollope, bitte gehen Sie nach unten und holen Sie den Geschäftsführer.›

Ich selbst verharrte kniend bei der Leiche, da ich nicht die Absicht hatte, Sanders mit ihr allein zu lassen. Allerdings muss ich zugeben, dass der Mann ein wunderbarer Schauspieler war. Er schien bestürzt, verwirrt und über alle Maßen verängstigt.

Sehr bald erschien der Geschäftsführer. Er inspizierte in aller Eile den ganzen Raum, dann drängte er uns alle hinaus, schloss die Tür ab und nahm den Schlüssel mit, als er ging, um die Polizei anzurufen. Es schien eine Ewigkeit zu dauern, bis sie kam (später erfuhren wir, dass die Leitung nicht in Ordnung gewesen war). Der Geschäftsführer musste jemanden zur Post schicken, und das Kurhotel liegt ziemlich weit von der Stadt entfernt, fast am Rande des Moores. Inzwischen fiel Mrs. Carpenter uns allen sehr auf die Nerven. Sie war so zufrieden, dass ihre Prophezeiung sich so schnell erfüllt hatte. Sanders lief stöhnend und händeringend in den Garten hinaus, und in seinen Zügen malte sich tiefster Kummer ab.

Endlich kam die Polizei. Mit dem Geschäftsführer und Mr. Sanders gingen sie nach oben, und später ließen sie mich holen. Als ich kam, saß der Inspektor an einem Tisch und schrieb. Er sah intelligent aus und war mir sehr sympathisch.

‹Miss Jane Marple?›, fragte er.

‹Ja.›

‹Wie ich höre, gnädige Frau, waren Sie zugegen, als die Leiche gefunden wurde.›

Ich bestätigte das und schilderte genau, was vorgefallen war. Ich glaube, der arme Mann war sichtlich erleichtert, dass er jemanden gefunden hatte, der seine Fragen zusammenhängend beantworten konnte, nachdem er sich vorher mit Sanders und Emily Trollope abgequält hatte. Wie ich hörte, war Emily Trollope ja vollständig aus der Fassung geraten – was auch nicht anders zu erwarten war von diesem törichten Geschöpf! Meine liebe Mutter hat mir immer eingeschärft, dass eine Dame sich in der Öffentlichkeit stets zusammennehmen müsse, wie sehr sie sich auch in ihren eigenen vier Wänden gehen lassen mochte.»

«Ein bewundernswerter Grundsatz», bemerkte Sir Henry mit ernster Miene.

«Als ich mit meiner Schilderung zu Ende war, sagte der Inspektor zu mir: ‹Vielen Dank, gnädige Frau. Nun muss ich Sie leider bemühen, sich die Leiche noch einmal anzusehen. Hat sie genauso gelegen, als Sie das Zimmer betraten? Ist sie von niemandem berührt worden?›

Ich erklärte ihm, dass ich Mr. Sanders daran gehindert hätte, und der Inspektor nickte beifällig.

‹Der Herr scheint furchtbar erregt zu sein›, bemerkte er.

‹Das scheint er wohl – ja›, erwiderte ich.

Ich glaube nicht, dass ich das Wort ‹scheint› besonders betont habe. Dennoch warf der Inspektor mir einen ziemlich scharfen Blick zu.

‹Wir können also annehmen, dass die Leiche sich in genau derselben Stellung befindet wie am Anfang, wie?›, fragte er.

‹Ja, abgesehen von dem Hut›, entgegnete ich.

Der Inspektor blickte mich erstaunt an.

‹Was ist mit dem Hut?›

Ich setzte ihm auseinander, dass die arme Gladys den Hut zuerst auf dem Kopf gehabt habe, während er jetzt neben ihr liege, und ich sprach die Vermutung aus, dass die Polizei ihn wohl entfernt habe. Doch der Inspektor verneinte diese Tatsache ganz entschieden. Nichts sei bisher angerührt oder bewegt worden. Mit gerunzelter Stirn blickte er auf die arme hingestreckte Gestalt hinab. Gladys trug Straßenkleidung – einen weiten dunkelroten Tweedmantel mit grauem Pelzkragen. Der Hut, ein billiges Stück aus rotem Filz, lag gerade neben ihrem Kopf. Eine Weile stand der Inspektor grübelnd da. Dann kam ihm plötzlich ein Gedanke.

‹Können Sie sich ganz zufällig daran erinnern, gnädige Frau, ob die Verstorbene gewöhnlich Ohrringe trug?›

Nun habe ich, Gott sei Dank, eine recht gute Beobachtungsgabe, und ich entsann mich sofort, dass ich gerade unter dem Hutrand einen Schimmer von Perlen gesehen hatte, obgleich ich in dem Augenblick keine besondere Notiz davon genommen hatte. Seine Frage konnte ich also bejahen.

‹Dann ist die Sache ja klar›, meinte er. ‹Der Schmuckkasten der Dame ist geplündert worden – nicht, dass sie etwas Wertvolles besaß, soweit ich unterrichtet bin –, und die Ringe hat man ihr von den Fingern gezogen. Der Mörder muss also die Ohrringe vergessen und sie geholt haben, nachdem der Mord entdeckt war. Ein hartgesottener Bursche! Oder vielleicht› – bei diesen Worten starrte er im Zimmer umher und sagte langsam: ‹Vielleicht hatte er sich im Zimmer versteckt und war die ganze Zeit über hier.›

Doch ich verwarf die Idee. Ich selbst, erklärte ich ihm, hätte unter das Bett geschaut, und der Geschäftsführer habe die Türen des Kleiderschrankes geöffnet. Und sonst gebe es keine Versteckplätze im Zimmer, wo ein Mann sich verbergen könne. Allerdings sei das Hutfach mitten im Kleiderschrank verschlossen gewesen, aber da es nicht sehr tief und außerdem mit Regalen versehen sei, habe sich kein Mann darin verstecken können.

Der Inspektor nickte langsam, während ich dies alles erklärte.

‹Ich glaube Ihnen, gnädige Frau. Dann muss er eben, wie ich schon sagte, noch einmal zurückgekommen sein. Ein wirklich abgebrühter Geselle.›

‹Aber der Geschäftsführer hat doch die Tür abgeschlossen und den Schlüssel mitgenommen!›

‹Das hat nichts zu bedeuten. Der Dieb hat den Balkon und die Feuertreppe benutzt. Wahrscheinlich haben Sie ihn sogar bei der Arbeit gestört. Da ist er einfach zum Fenster hinausgeschlüpft und, als Sie alle fort waren, wieder zurückgekehrt, um mit seiner Arbeit fortzufahren.›

‹Sind Sie sicher›, fragte ich, ‹dass es ein Dieb war?›

Er erwiderte ziemlich trocken:

‹Na, es sieht doch ganz danach aus, nicht wahr?›

Aber etwas in seinem Ton gab mir eine gewisse Befriedigung. Ich hatte das Gefühl, dass er Mr. Sanders in seiner Rolle als trauernder Witwer nicht allzu ernst nehmen würde.

Ich gebe unumwunden zu, dass ich von dieser fixen Idee ganz besessen war. Dass dieser Sanders seine Frau umbringen wollte, stand für mich durchaus fest. Was ich jedoch nicht einkalkuliert hatte, war dieses seltsame und phantastische Etwas, das man als Koinzidenz bezeichnet. Meine

Ansichten über Mr. Sanders – davon war ich überzeugt – waren absolut richtig. Der Mann war ein Schurke. Aber obgleich sein geheuchelter Kummer mich nicht für eine Sekunde täuschte, so hatte ich doch empfunden, als wir zuerst ins Zimmer traten, dass seine Überraschung und Verwirrung außerordentlich echt schienen – absolut natürlich. Ich muss gestehen, dass mich nach meiner Unterhaltung mit dem Inspektor ein seltsamer Zweifel beschlich. Denn wenn Sanders diese furchtbare Tat begangen hatte, konnte ich mir keinen stichhaltigen Grund vorstellen, warum er sich über die Feuertreppe zurückschleichen sollte, um seiner Frau die Ohrringe fortzunehmen. Das wäre durchaus nicht klug gewesen, und Sanders war ein sehr kluger Mann – darum hielt ich ihn ja für so gefährlich.»

Miss Marple blickte sich im Kreise ihrer Zuhörer um.

«Sie wissen vielleicht schon, worauf ich hinauswill. In dieser Welt geschieht oft genug das, was man am wenigsten erwartet. Ich war eben sicher, und das hatte mich wohl so blind gemacht. Das Resultat war für mich ein großer Schock. Denn es wurde einwandfrei bewiesen, dass Mr. Sanders unter keinen Umständen das Verbrechen begangen haben konnte…»

Ein Laut der Überraschung kam von Mrs. Bantrys Lippen. Miss Marple wandte sich ihr zu.

«Ich weiß, meine Liebe, das haben Sie nach dem Anfang meiner Geschichte nicht erwartet. Auch ich hatte es nicht erwartet. Aber an den Tatsachen lässt sich nicht rütteln, und wenn die Beweise ergeben, dass man Unrecht hat, muss man sich bescheiden und wieder von vorn anfangen. Dass Mr. Sanders im Grunde genommen ein Mörder war, wusste ich – von dieser festen Überzeugung ließ ich mich durch nichts abbringen.

Und nun möchten Sie wohl gern hören, wie sich alles zugetragen hat. Wie Sie bereits wissen, verbrachte Mrs. Sanders den Nachmittag bei ihren Freunden, den Mortimers, wo sie Bridge spielte. Um Viertel nach sechs etwa ging sie von dort weg. Von dem Haus ihrer Freunde bis zum Kurhotel brauchte man ungefähr eine Viertelstunde – oder noch weniger, wenn man sich beeilte. Sie musste also um halb sieben zurückgekehrt sein. Da niemand sie hereinkommen sah, ist anzunehmen, dass sie die Seitentür benutzt hat und geradewegs auf ihr Zimmer gegangen ist. Sie hat sich dann wohl umgezogen (die Sachen, die sie nachmittags getragen hatte – der rehfarbene Mantel und der Rock – hingen im Schrank) und war offenbar auf dem Sprung, wieder auszugehen, als das Unglück sich ereignete. Wahrscheinlich, so sagt man, hat sie gar nicht gemerkt, wer sie niedergeschlagen hat. Der Sandsack soll ja eine sehr wirksame Waffe sein. Demnach muss der Angreifer im Zimmer verborgen gewesen sein, möglicherweise in dem anderen Schrank, den sie nicht geöffnet hatte.

Nun zu Mr. Sanders. Er ging, wie gesagt, gegen halb sechs aus – oder ein wenig später. Dann besuchte er verschiedene Läden und betrat gegen sechs Uhr das Grand Spa Hotel, wo er zwei Freunde traf – dieselben, mit denen er später zum Kurhotel zurückkehrte. Sie spielten zusammen Billard und tranken mehrere Glas Whisky dabei. Diese Männer waren tatsächlich die ganze Zeit von sechs Uhr an mit ihm zusammen. Sie begleiteten ihn zum Hotel, und er verließ sie erst, als er zu mir und Miss Trollope an den Tisch kam. Das war etwa um Viertel vor sieben; wie ich bereits erwähnte, muss seine Frau um diese Zeit schon tot gewesen sein.

Ich gestehe, dass ich selbst mit diesen beiden Freunden gesprochen habe. Ich mochte sie nicht leiden. Sie waren weder angenehm noch gebildet. Doch über eines war ich mir klar: Sie sprachen die volle Wahrheit, als sie sagten, Mr. Sanders sei während der ganzen Zeit in ihrer Gesellschaft gewesen. Eine Kleinigkeit ist vielleicht noch zu erwähnen. Während des Bridgespiels wurde Mrs. Sanders offenbar ans Telefon gerufen. Ein Mr. Littleworth wollte sie sprechen. Hinterher schien sie freudig erregt zu sein und machte, nebenbei bemerkt, ein paar schlimme Spielfehler. Sie brach bedeutend früher auf, als ihre Freunde erwartet hatten.

Mr. Sanders wurde gefragt, ob ihm der Name Littleworth bekannt sei und ob dieser Mann zu den Freunden seiner Frau zähle, aber er erklärte, er habe den Namen noch nie gehört. Und das schien mir durch das Verhalten seiner Frau bestätigt – ihr bedeutete der Name Littleworth anscheinend zuerst auch nichts. Dennoch kam sie lächelnd, aber doch etwas verwirrt vom Telefon zurück. Daraus muss man schließen, dass der Betreffende nicht seinen richtigen Namen genannt hat, und das erweckt an sich schon ein gewisses Misstrauen, nicht wahr?

Jedenfalls war dies das Problem, das sich uns präsentierte: die Einbrechergeschichte, die ziemlich unwahrscheinlich war – oder aber die Theorie, dass Mrs. Sanders im Begriff stand, auszugehen und sich mit jemandem zu treffen. Ist dieser Jemand über die Feuertreppe in ihr Zimmer gekommen? Hat es einen Streit gegeben? Oder hat er sie aus dem Hinterhalt überfallen?»

Miss Marple hielt inne.

«Nun?», meinte Sir Henry. «Wie lautet die Antwort?»

«Ob einer unter Ihnen sie wohl erraten kann?»

«Ich kann nicht gut raten», erklärte Mrs. Bantry. «Es ist schade, dass Sanders ein so tadelloses Alibi hatte. Aber wenn es Ihnen genügte, muss es schon in Ordnung gewesen sein.»

Jane Helier bewegte ihr schönes Haupt und wollte wissen: «Warum war das Hutfach verschlossen?»

«Eine sehr kluge Frage, meine Liebe», antwortete Miss Marple strahlend. «Darüber habe ich mich im Stillen auch gewundert. Allerdings war die Erklärung ganz einfach. Es enthielt ein paar handgearbeitete Pantoffeln und einige Taschentücher, die die junge Frau für ihren Mann zu Weihnachten bestickt hatte. Darum hatte sie das Fach abgeschlossen.»

«Oh!», meinte Jane. «Dann ist es doch nicht so interessant.»

«O ja, aber sehr», erwiderte Miss Marple. «Es ist das einzig wirklich Interessante an der Sache – das Einzige, was die Pläne des Mörders vereitelte.»

Jeder starrte die alte Dame an.

«Ich selbst habe es zwei Tage lang nicht erkannt», sagte Miss Marple. «Ich zerbrach mir immer und immer wieder den Kopf, und dann auf einmal kam die Erleuchtung über mich. Ich ging sofort zum Inspektor und bat ihn, etwas auszuprobieren, was er dann auch tat.»

«Um was haben Sie ihn gebeten?»

«Ich bat ihn, der armen Frau den Hut aufzusetzen – und das ging nicht. Der Hut passte nicht. Es war nämlich nicht ihr Hut.»

Mrs. Bantry rief ganz erstaunt:

«Aber er saß doch zuerst auf ihrem Kopf.»

«Nicht auf ihrem Kopf –»

Miss Marple wartete einen Augenblick, um ihren Worten Gewicht zu verleihen, und fuhr dann fort:

«Wir nahmen als selbstverständlich an, dass es sich um die Leiche der armen Gladys handelte. Aber wir haben uns nie das Gesicht angesehen. Wie Sie sich erinnern, lag sie mit dem Gesicht nach unten, und der Hut verdeckte alles.»

«Aber sie wurde doch getötet?»

«Ja, später. In dem Augenblick, als wir die Polizei anriefen, war Gladys noch quicklebendig.»

«Meinen Sie etwa, es war jemand anders, die vorgab, Gladys zu sein? Aber als Sie sie anfassten –»

«Es war eine Leiche. Darüber besteht nicht der geringste Zweifel», sagte Miss Marple ernst.

«Aber zum Kuckuck noch mal», mischte sich Colonel Bantry ein, «Leichen fallen einem doch nicht einfach in den Schoß. Was hat man denn nachher mit der ersten Leiche gemacht?»

«Mr. Sanders hat sie zurückgetragen», erwiderte Miss Marple. «Es war ein böser, aber sehr kluger Plan. Unsere Unterhaltung im Salon hat ihn darauf gebracht. Die Leiche des armen Hausmädchens Mary – warum sollte er sie nicht gebrauchen? Sie müssen bedenken, dass das Zimmer der Sanders oben im Dienstbotenflügel lag. Marys Zimmer befand sich nur zwei Türen weiter, und der Leichenbestatter würde erst später am Abend kommen – damit rechnete Mr. Sanders. Er trug also die Leiche über den Balkon (um fünf Uhr war es schon dunkel), zog ihr ein Kleid seiner Frau und ihren weiten roten Mantel an. Und dann entdeckte er, dass das Hutfach abgeschlossen war! Was tun? Es blieb ihm nichts anderes übrig, als einen Hut des Mädchens zu holen. Das würde niemandem auffallen. Er legte den Sandsack neben sie auf den Boden und ging dann fort, um sich ein Alibi zu beschaffen.

Unter dem Namen Littleworth rief er seine Frau an. Ich weiß nicht, was er ihr erzählt hat. Aber sie war eine leichtgläubige Frau, wie ich vorhin schon sagte. Auf alle Fälle veranlasste er sie, das Bridgespiel früher abzubrechen und nicht ins Kurhotel zurückzukehren. Er verabredete sich mit ihr im Park des Hotels, nahe der Feuertreppe, um sieben Uhr.

Er selbst kehrte mit seinen Freunden ins Hotel zurück und richtete es so ein, dass Miss Trollope und ich gemeinsam mit ihm die Leiche entdeckten. Er tat sogar so, als wolle er sie umdrehen – und ausgerechnet ich hielt ihn davon zurück! Dann schickte man nach der Polizei, und er taumelte in den Park hinaus.

Es hatte ihn natürlich niemand gefragt, wo er sich nach dem Verbrechen aufgehalten habe. Er traf sich mit seiner Frau, ging mit ihr die Feuertreppe hinauf, und sie betraten das Zimmer. Vielleicht hatte er ihr gegenüber schon etwas von der Leiche erwähnt. Sie beugte sich über die am Boden liegende Gestalt, und er nahm den Sandsack und schlug zu… mein Gott, es macht mich jetzt noch ganz krank, wenn ich nur daran denke! Dann zog er ihr rasch den Mantel und den Rock aus, hängte die Sachen in den Schrank und zog ihr die Sachen der anderen Leiche an.

Doch der Hut wollte nicht passen. Mary hatte kurz geschnittenes Haar und Gladys Sanders eine dicke Haarrolle. Er war gezwungen, ihn neben die Leiche zu legen, und hoffte, dass niemand es bemerken würde. Dann trug er die Leiche der armen Mary in ihr Zimmer zurück und legte sie wieder schicklich auf das Bett.»

«Es erscheint unglaublich», bemerkte Dr. Lloyd. «Dieses Risiko, das er auf sich nahm. Die Polizei hätte ja bloß zu früh einzutreffen brauchen.»

«Sie müssen bedenken, dass die Telefonleitung nicht in Ordnung war», erinnerte ihn Miss Marple. «Dafür war natürlich er verantwortlich. Er konnte es sich nicht leisten, dass die Polizei zu früh erschien. Als sie dann endlich kam, brachte sie noch eine Weile im Büro des Geschäftsführers zu. Die größte Gefahr bestand darin, dass jemand merken würde, dass Gladys erst vor einer halben Stunde das Zeitliche gesegnet hatte. Aber er verließ sich darauf, dass die Leute, die das Verbrechen zuerst entdeckten, keine Fachkenntnisse auf diesem Gebiet besaßen.»

Dr. Lloyd nickte.

«Man nahm wahrscheinlich an, dass das Verbrechen gegen Viertel vor sieben begangen worden sei», meinte er. «In Wirklichkeit geschah es um sieben oder ein paar Minuten nach sieben. Frühestens um halb acht hat dann der Polizeiarzt die Leiche untersucht. Da konnte er es unmöglich merken.»

«Aber ich bin diejenige, die es hätte merken sollen», erwiderte Miss Marple. «Ich habe die Hand der armen Frau angefasst, und sie war eiskalt. Und kurz darauf sprach der Inspektor davon, dass der Mord gerade vor unserer Ankunft begangen worden sein müsse – und ich habe nichts bemerkt!»

«Meiner Ansicht nach haben Sie sehr viel bemerkt, Miss Marple», sagte Sir Henry. «Es muss vor meiner Zeit passiert sein. Ich kann mich überhaupt nicht entsinnen, dass ich je davon gehört habe. Was geschah dann?»

«Sanders wurde gehängt», entgegnete Miss Marple lebhaft. «Und das geschah ihm recht. Ich habe es niemals bereut, dass ich dazu beigetragen habe, diesen Mann vor den Richter zu bringen.»

Ihre strengen Züge wurden weicher.

«Aber ich habe mir oft bittere Vorwürfe gemacht, dass ich es versäumte, dieser armen Frau das Leben zu retten. Würde sie aber auf mich gehört haben? Wahrscheinlich hätte sie meine Warnungen für Hirngespinste einer alten Frau gehalten. Wer weiß? Auf jeden Fall liebte sie diesen Schurken und vertraute ihm. Sie hat ihn nie durchschaut.»

«Nun», meinte Jane Helier, «dann war ja soweit alles in Ordnung. In bester Ordnung. Ich wollte –» Sie brach ab.

Miss Marple blickte auf die berühmte, die schöne, die erfolgreiche Jane Helier und nickte sanft mit dem Kopf.

«Ich verstehe, liebes Kind», sagte sie sehr leise. «Ich verstehe.»

Aufregung an Weihnachten

(Hercule Poirot und der Plumpudding, Variation 2)

Die großen Holzscheite prasselten fröhlich in dem mächtigen offenen Kamin, doch ihr Prasseln wurde von dem Stimmengewirr der sechs jungen Leute übertönt, die lebhaft miteinander schwatzten. Die Jugend unter den Hausgästen hatte offenbar ihren Spaß an diesem Weihnachtstag.

Die alte Miss Endicott, den meisten Anwesenden als Tante Emily bekannt, lächelte nachsichtig über das muntere Geplapper.

«Jede Wette, dass du keine sechs Törtchen essen kannst, Jean.»

«Kann ich doch.»

«Nein, kannst du nicht.»

«Du bekommst die Münze aus dem Trifle, wenn du es schaffst.»

«Ja, *und* drei Portionen Trifle *und* zwei Portionen Plumpudding.»

«Ich hoffe nur, dass der Plumpudding gut ist», sagte Miss Endicott besorgt. «Er wurde erst vor drei Tagen gemacht. Dabei sollten die Plumpuddings für Weihnachten lange *vor* dem Fest zubereitet werden. Ich weiß noch, dass ich als Kind immer dachte, die letzte Kollekte vor dem ersten Adventssonntag – das Gebet ‹Rühr an, o Herr, wir bitten dich› – bezöge sich auf das Rühren der Weihnachtspuddings!»

Es herrschte höfliche Stille, während Miss Endicott sprach. Nicht, weil sich die jungen Leute auch nur im Mindesten für ihre Reminiszenzen an frühere Zeiten interessiert hätten, sondern weil sie fanden, dass es der Anstand gebot, ihrer Gastgeberin Aufmerksamkeit zu zollen. Sobald sie geendet hatte, setzte das laute Stimmengewirr wieder ein. Miss Endicott seufzte und warf, wie auf der Suche nach einem Gleichgesinnten, einen Blick auf das einzige Mitglied der Gesellschaft, das ihr an Jahren nahe kam – einen kleinen Mann mit einem merkwürdigen eiförmigen Kopf und einem stattlichen kräftigen Schnurrbart. Junge Leute waren auch nicht mehr, was sie früher waren, dachte Miss Endicott. In der guten alten Zeit hätten sie stumm und respektvoll den weisen Worten gelauscht, die die Älteren wie Perlen vor ihnen ausbreiteten. Stattdessen nun dieses alberne Geplapper, das noch dazu meist völlig unverständlich war. Gleichviel, es waren liebe Kinder! Ihre Augen wurden sanft, als sie sie der Reihe nach betrachtete – die hoch gewachsene, sommersprossige Jean; die kleine Nancy Cardell, dunkelhaarig und von zigeunerhafter Schönheit; die beiden jüngeren Buben, Johnnie und Eric, die für die Feiertage aus dem Internat nach Hause gekommen waren, und ihr Freund Charlie Pease; und die schöne blonde Evelyn Haworth … Bei dem Gedanken an Letztere zogen sich ihre Brauen ein wenig zusammen, und ihre Augen wanderten hinüber zu ihrem ältesten Neffen, Roger, der mürrisch schweigend dasaß, ohne sich an der fröhlichen Unterhaltung zu beteiligen, den Blick unverwandt auf die hinreißende nordische Blondheit des jungen Mädchens geheftet.

«Ist der Schnee nicht toll?», rief Johnnie und trat ans Fenster. «Richtiges Weihnachtswetter! Kommt, wir machen eine Schneeballschlacht. Es ist doch noch viel Zeit bis zum Essen, nicht wahr, Tante Emily?»

«Aber ja. Wir speisen erst um zwei Uhr. Dabei fällt mir ein, dass ich mich noch um den Tisch kümmern muss.»

Sie eilte aus dem Zimmer.

«Wisst ihr, was? Wir bauen einen Schneemann!», kreischte Jean.

«Au ja, das wird lustig! Wir machen eine Schneeskulptur von Monsieur Poirot! Haben Sie gehört, Monsieur Poirot? Eine Statue des Meisterdetektivs Hercule Poirot, aus Schnee geformt von sechs berühmten Künstlern!»

Der kleine Mann im Sessel verbeugte sich verbindlich und zwinkerte verschmitzt.

«Aber er muss sehr stattlich werden, *mes enfants*», sagte er mit Nachdruck. «Ich bestehe darauf.»

«Und ob!»

Die ganze Bande lief wie ein Wirbelwind hinaus, wobei sie unter der Tür mit einem würdevollen Butler kollidierte, der soeben mit einem Brief auf einem silbernen Tablett eintrat. Nachdem der Butler seine Fassung wiedergewonnen hatte, ging er auf Poirot zu.

Poirot nahm den Brief entgegen und riss ihn auf. Der Butler zog sich zurück. Zweimal las der kleine Mann den Brief, faltete ihn dann zusammen und steckte ihn ein. In seinem Gesicht hatte sich kein Muskel bewegt, obgleich der Inhalt des Schreibens höchst erstaunlich war. Mit ungelenker Hand waren die Worte gekritzelt: *«Essen Sie keinen Plumpudding.»*

«Sehr interessant», murmelte Poirot bei sich. «Und völlig unerwartet.»

Er sah hinüber zum Kamin. Evelyn Haworth war nicht mit den anderen hinausgegangen. Sie starrte, in Gedanken versunken, ins Feuer und spielte nervös an dem Ring am vierten Finger ihrer linken Hand herum.

«Sie sind in einen Traum vertieft, Mademoiselle», sagte der kleine Mann schließlich. «Und der Traum ist kein glücklicher, habe ich Recht?»

Sie zuckte zusammen und sah unsicher zu ihm hinüber. Er nickte aufmunternd.

«Es gehört zu meinem Beruf, dergleichen zu wissen. Nein, Sie sind nicht glücklich. Auch ich bin nicht sehr glücklich. Wollen wir uns einander anvertrauen? Sehen Sie, ich habe einen großen Kummer, denn ein Freund von mir, ein Freund seit vielen Jahren, ist fortgegangen über das Meer nach Südamerika. Manchmal, wenn wir zusammen waren, machte mich dieser Freund ungeduldig, seine Stupidität brachte mich auf; aber nun, da er fort ist, erinnere ich mich nur an seine guten Eigenschaften. So ist das Leben, habe ich Recht? Und nun, Mademoiselle, was ist Ihr Problem? Sie sind nicht wie ich, alt und allein – Sie sind jung und sehr schön; und der Mann, den Sie lieben, liebt Sie – o ja, ganz gewiss: Ich habe ihn während der letzten halben Stunde beobachtet.»

Das junge Mädchen errötete.

«Sprechen Sie von Roger Endicott? Oh, Sie irren sich; Roger ist nicht mein Verlobter.»

«Nein, Sie sind mit Mister Oscar Levering verlobt. Ich weiß das sehr wohl. Aber warum sind Sie mit ihm verlobt, wenn Sie einen anderen Mann lieben?»

Das junge Mädchen schien ihm die Frage nicht zu verübeln; etwas in seiner Art machte es ihr unmöglich. Er sprach mit einer Mischung aus Güte und Autorität, die unwiderstehlich war.

«Erzählen Sie mir alles», sagte Poirot sanft; und er fügte den Satz hinzu, den er schon zuvor benutzt hatte und der für das junge Mädchen seltsam tröstlich klang. «Es gehört zu meinem Beruf, dergleichen zu wissen.»

«Ich bin ja so unglücklich, Monsieur Poirot – so schrecklich unglücklich. Wissen Sie, wir waren früher sehr wohlhabend. Ich galt als reiche Erbin, und Roger war nur ein jüngerer Sohn; und – und obwohl ich überzeugt bin, dass er etwas für mich empfand, sagte er nie ein Wort, sondern ging nach Australien.»

«Es ist sehr eigenartig, wie man hier bei Ihnen Ehen arrangiert», warf Poirot ein. «Kein System. Keine Methode. Alles bleibt dem Zufall überlassen.»

Evelyn sprach weiter.

«Dann verloren wir plötzlich unser ganzes Geld. Meine Mutter und ich standen praktisch mittellos da. Wir zogen in ein kleines Häuschen und schlugen uns mühsam durch. Doch dann wurde meine Mutter sehr krank. Ihre einzige Chance war eine schwere Operation und ein Aufenthalt in einem warmen Klima. Aber wir hatten doch kein Geld, Monsieur Poirot – wir hatten kein Geld! Und das bedeutete, dass sie sterben musste. Mr. Levering hatte mir bereits ein- oder zweimal einen Antrag gemacht. Nun bat er mich erneut, ihn zu heiraten, und versprach, alles für meine Mutter zu tun, was getan werden konnte. Ich sagte ja – was hätte ich anderes tun können? Er hielt Wort. Die Operation wurde von der größten Kapazität unserer Zeit durchgeführt, und wir verbrachten den Winter in Ägypten. Das war vor einem Jahr. Meine Mutter ist wieder gesund und bei Kräften; und ich – ich soll nach den Feiertagen Mr. Levering heiraten.»

«Ich verstehe», sagte Poirot. «Und in der Zwischenzeit ist Monsieur Rogers älterer Bruder gestorben, und er ist nach Hause gekommen – und findet seinen Traum zerstört. Gleichviel, Mademoiselle, Sie sind noch nicht verheiratet.»

«Eine Haworth bricht ihr Wort nicht, Monsieur Poirot», sagte das junge Mädchen stolz.

Sie hatte kaum ausgeredet, als die Tür aufging und ein kräftiger Mann mit rötlicher Gesichtsfarbe, kleinen, verschlagenen Augen und kahlem Schädel auf der Schwelle erschien.

«Was bläst du hier drinnen Trübsal, Evelyn? Mach' lieber einen Spaziergang mit mir.»

«Wie du meinst, Oscar.»

Sie stand lustlos auf. Poirot erhob sich ebenfalls und erkundigte sich höflich:

«Mademoiselle Levering ist noch immer indisponiert?»

«Ja, ich bedaure sagen zu müssen, dass meine Schwester noch immer das Bett hüten muss. Zu schade, ausgerechnet an Weihnachten krank zu sein.»

«In der Tat», stimmte ihm der Detektiv höflich zu.

Einige Minuten genügten Evelyn, um ihre Schneestiefel und warme Sachen anzuziehen, und dann gingen sie und ihr Verlobter hinaus in den verschneiten Park. Es war ein idealer Weihnachtstag, kalt und sonnig. Die übrigen Hausgäste waren mit der Errichtung des Schneemannes beschäftigt. Levering und Evelyn blieben stehen, um ihnen zuzusehen.

«Muss Liebe schön sein!», rief Johnnie und warf einen Schneeball nach ihnen.

«Wie gefällt dir unser Werk, Evelyn?», rief Jean. «Monsieur Hercule Poirot, der Meisterdetektiv.»

«Wartet, bis er erst seinen Schnurrbart hat!», sagte Eric. «Nancy will sich dafür extra ein bisschen Haar abschneiden. *Vivent les braves Belges!* Päng, päng!»

«Einfach riesig, einen leibhaftigen Detektiv im Haus zu haben!», meinte Charlie. «Jetzt müsste es nur noch einen Mord geben.»

«Ja, ja, ja!», rief Jean und begann herumzutanzen. «Ich habe eine prima Idee. Lasst uns einen Mord begehen – einen vorgetäuschten natürlich. Und den Meisterdetektiv verkohlen. Kommt schon, das wird ein Heidenspaß!»

Fünf Stimmen begannen durcheinander zu reden.

«Wie soll das gehen?»

«Grässliches Gestöhne!»

«Nein, du Dummkopf, hier draußen.»

«Fußspuren im Schnee natürlich.»

«Jean im Nachthemd.»

«Man nimmt dazu rote Farbe.»

«Ja, auf die Hand – und klatscht sie sich dann auf den Kopf.»

«Wenn wir doch bloß einen Revolver hätten.»

«Glaubt mir, Vater und Tante Em werden nichts hören. Ihre Zimmer liegen auf der anderen Seite des Hauses.»

«Nein, er nimmt es bestimmt nicht übel; der Mann hat jede Menge Sinn für Humor.»

«Gut, aber was für Farbe? Nagellack?»

«Wir könnten uns welchen im Dorf besorgen.»

«Doch nicht an Weihnachten, du Blödmann.»

«Nein, Wasserfarbe. Karmesinrot.»

«Jean kann die Leiche sein.»

«Na und? Dann frierst du eben ein bisschen. Es ist ja nicht für lange.»

«Nein, nehmen wir lieber Nancy, die hat doch diesen schicken Pyjama.»

«Mal sehen, ob Graves weiß, wo es Farbe hat.»

Alle stürmten ins Haus.

«So selbstvergessen, Endicott?», erkundigte sich Levering mit einem unangenehmen Lachen.

Roger kam mit einem Ruck zu sich. Er hatte wenig von dem gehört, was um ihn herum vorgegangen war.

«Ich habe nur nachgedacht«, sagte er ruhig.

«Nachgedacht?»

«Nachgedacht, warum eigentlich Monsieur Poirot hier ist.»

Levering schien bestürzt zu sein; doch in dem Moment ertönte der große Gong, und alle gingen hinein zum Weihnachtsessen. Im Esszimmer waren die Vorhänge zugezogen und die Lampen an, die den langen, mit Knallbonbons und anderen Dekorationen üppig geschmückten Tisch beleuchteten. Es war ein richtiges altmodisches Weihnachtsessen. Am einen Ende der Tafel saß der Hausherr, rotgesichtig und jovial; ihm gegenüber, am anderen Ende, saß seine Schwester. Poirot hatte zu Ehren des festlichen Anlasses eine rote Weste angelegt, und seine Rundlichkeit sowie die Art, wie er den Kopf schief hielt, ließen einen unwillkürlich an ein Rotkehlchen denken.

Der Hausherr tranchierte gekonnt, und alle machten sich an den Truthahn. Die Gerippe der beiden Truthähne wurden abgetragen, und es trat gespannte Stille ein. Dann erschien Graves, der feierlich den Plumpudding hereintrug – einen gigantischen, von Flammen umzüngelten Plumpudding. Woraufhin ein gewaltiges Getöse ausbrach.

«Schnell! Oh, mein Stück geht schon aus. Beeilen Sie sich, Graves! Wenn er nicht mehr brennt, geht mein Wunsch nicht in Erfüllung.»

Niemand hatte Muße, den eigenartigen Ausdruck auf Poirots Gesicht zu beobachten, als dieser die Portion auf seinem Teller inspizierte. Niemand bemerkte den Blick, den er blitzschnell in die Runde warf. Mit leicht gerunzelter Stirn begann er vorsichtig seinen Plumpudding zu essen. Alle begannen ihren Plumpudding zu essen. Die Unterhaltung war gedämpfter. Plötzlich stieß der Hausherr einen Schrei aus. Sein Gesicht lief violett an, und er hielt sich die Hand vor den Mund.

«Zum Henker, Emily!», brüllte er. «Wie kannst du die Köchin Glas in die Puddings tun lassen?»

«Glas?», rief Miss Endicott erstaunt aus.

Der Hausherr entfernte den Fremdkörper aus seinem Mund.

«Hätte mir glatt einen Zahn abbrechen können», schimpfte er. «Oder das Ding verschlucken und Blinddarmentzündung bekommen können.»

Vor jedem am Tisch stand eine kleine Fingerschale mit Wasser für die Münzen und die anderen Überraschungen, die im Dessert versteckt waren. Mr. Endicott ließ das Stück Glas in sein Schälchen fallen, spülte es ab und hielt es hoch.

«Allmächtiger!», stieß er hervor. «Ein roter Stein aus einer Knallbonbon-Brosche!»

«Sie gestatten?» Rasch und geschickt nahm Poirot ihm den besagten Gegenstand aus der Hand und betrachtete ihn eingehend. Wie der Hausherr gesagt hatte, handelte es sich um einen großen roten Stein, der die Farbe eines Rubins hatte. An seinen Facetten brach sich funkelnd das Licht, als Poirot ihn hin und her drehte.

«Mann!», rief Eric. «Vielleicht ist er echt!»

«Sei nicht albern», sagte Jean vorwurfsvoll. «Ein Rubin von dieser Größe wäre Tausende und Abertausende wert – stimmt's, Monsieur Poirot?»

«Wirklich erstaunlich, wie echt die Sachen aus den Knallbonbons heutzutage aussehen», murmelte Miss Endicott. *«Aber wie ist er in den Pudding gekommen?»*

Das war zweifellos die große Frage. Jede Hypothese wurde erschöpfend behandelt. Lediglich Poirot äußerte sich nicht, sondern ließ nur achtlos, wie in Gedanken woanders, den Stein in seine Rocktasche gleiten.

Nach dem Essen stattete er der Küche einen Besuch ab.

Die Köchin war ziemlich aufgeregt. Von einem der Hausgäste befragt zu werden, noch dazu von dem ausländischen Gentleman! Aber sie bemühte sich redlich, seine Fragen zu beantworten. Die Puddings waren vor drei Tagen zubereitet worden – «An dem Tag, an dem Sie angekommen sind, Sir.» Alle hatten sich kurz bei ihr in der Küche eingefunden, um zu rühren und sich dabei etwas zu wünschen. Ein alter Brauch – den man im Ausland wohl nicht kannte? Anschließend wurden die Puddings gekocht und dann in der Speisekammer nebeneinander auf das oberste Regal gestellt. Ob sich dieser Pudding in irgendeiner Weise von den anderen unterschied? Nein, das glaube sie nicht. Außer dass er in einer Puddingform aus Aluminium gewesen sei, die anderen dagegen in Porzellanformen. Ob dieser Pudding von Anfang an für den Weihnachtstag bestimmt gewesen sei? Merkwürdig, dass der Herr danach frage. Das sei er nämlich *nicht* gewesen! Der Weihnachtspudding wurde immer in einer großen weißen Porzellanform mit einem Muster aus Stechpalmblättern gekocht. Aber heute Morgen (das rote Gesicht der Köchin wurde grimmig) habe Gladys, das Küchenmädchen, die ihn zum Erhitzen habe holen sollen, es doch tatsächlich fertig gebracht, ihn fallen zu lassen. «Und weil Scherben hätten drin sein können, hab' ich ihn natürlich nicht auftragen lassen, sondern hab' stattdessen den aus der großen Aluminiumform genommen.»

Poirot dankte ihr für diese Auskünfte. Er verließ die Küche mit einem leisen Lächeln auf den Lippen. Und die Finger seiner rechten Hand spielten mit etwas in seiner Tasche.

«Monsieur Poirot! Monsieur Poirot! Wachen Sie auf! Es ist etwas Schreckliches passiert!»

So Johnnie in den frühen Stunden des darauf folgenden Morgens. Poirot setzte sich im Bett auf. Er trug eine Nachtmütze. Der Gegensatz zwischen seiner würdevollen Miene und dem kessen Winkel der auf seinem Kopf thronenden Nachtmütze war zwar komisch, aber die

Wirkung auf Johnnie schien doch etwas übertrieben. Wenn seine Worte nicht gewesen wären, hätte man annehmen können, der Junge amüsiere sich köstlich. Auch draußen vom Flur kamen eigenartige Geräusche, die an explodierende Sodawasserflaschen erinnerten.

«Bitte kommen Sie gleich mit hinunter», fuhr Johnnie mit leicht bebender Stimme fort. «Es ist jemand ermordet worden.» Er wandte sich ab.

«Oh, das ist allerdings etwas Ernstes!», sagte Poirot.

Er stand auf und machte, ohne sich übermäßig zu beeilen, die unbedingt erforderliche Toilette. Dann folgte er Johnnie nach unten. Die Hausgäste drängten sich an der Tür zum Garten. Ihre Gesichter drückten allesamt starke Gefühlsregungen aus. Beim Anblick von Poirot erlitt Eric einen heftigen Erstickungsanfall.

Jean trat vor und legte die Hand auf Poirots Arm.

«Dort! Sehen Sie!», sagte sie und deutete pathetisch durch die offene Tür.

«Mon Dieu!», stieß Poirot hervor. «Das ist ja wie im Theater.»

Seine Bemerkung war keineswegs unpassend. Während der Nacht hatte es wieder geschneit, und im fahlen Licht der Morgendämmerung sah die Welt weiß und gespenstisch aus. Nichts unterbrach die weite weiße Fläche bis auf etwas, das wie ein leuchtend scharlachroter Fleck aussah.

Nancy Cardell lag regungslos im Schnee. Sie war mit einem scharlachroten Seidenpyjama bekleidet, ihre kleinen Füße waren nackt und ihre Arme ausgestreckt. Ihr Gesicht war zur Seite gedreht und unter der Fülle ihres lockigen schwarzen Haares verborgen. Totenstill lag sie da, und aus ihrer linken Seite ragte der Griff eines Dolches, während sich im Schnee ein ständig größer werdender karmesinroter Fleck ausbreitete.

Poirot ging hinaus in den Schnee. Er begab sich nicht an die Stelle, wo das Mädchen lag, sondern blieb auf dem Weg. Zwei Fußspuren, die eines Mannes und einer Frau, führten zu dem Ort, an dem sich der tragische Vorfall ereignet hatte. Die Spuren des Mannes gingen in der entgegengesetzten Richtung weiter, allein. Poirot blieb auf dem Weg stehen und strich sich nachdenklich über das Kinn.

Plötzlich kam Oscar Levering aus dem Haus gestürzt.

«Großer Gott!», rief er. «Was ist passiert?»

Seine Erregung stand in krassem Gegensatz zu Poirots Gelassenheit.

«Mir scheint», sagte Poirot bedächtig, «ein Mord.»

Eric bekam erneut einen heftigen Hustenanfall.

«Aber wir müssen doch etwas tun!», rief der andere. «Was machen wir denn jetzt?»

«Da gibt es nur eins», sagte Poirot. «Wir müssen die Polizei holen.»

«Oh!», sagten alle gleichzeitig.

Poirot blickte forschend in die Runde.

«Aber ja» sagte er. «Etwas anderes kommt nicht in Frage. Wer von Ihnen geht?»

Es herrschte Schweigen, doch dann trat Johnnie vor.

«Der Spaß ist zu Ende», verkündete er. «Ich kann nur hoffen, Monsieur Poirot, dass Sie uns nicht allzu böse sind. Das Ganze war nämlich ein Jux, den wir uns ausgedacht haben – um Sie auf den Arm zu nehmen. Nancy simuliert bloß.»

Poirot betrachtete ihn ohne sichtliche Gemütsbewegung, außer dass seine Augen einen Moment lang funkelten.

«Sie machen sich über mich lustig, ist es so?», erkundigte er sich ruhig.

«Es tut mir wirklich furchtbar Leid. Ehrlich! Wir hätten das nicht tun sollen. Grässlich geschmacklos. Ich möchte mich bei Ihnen entschuldigen, ganz ehrlich.»

«Sie brauchen sich nicht zu entschuldigen», sagte der andere in einem sonderbaren Ton.

Johnnie drehte sich um.

«He, Nancy, steh auf!», rief er. «Oder willst du den ganzen Tag da liegen bleiben?»

Aber die Gestalt im Schnee rührte sich nicht.

«Steh schon auf!», rief Johnnie noch einmal.

Doch Nancy bewegte sich nicht, und plötzlich ergriff namenlose Furcht den Jungen. Er drehte sich zu Poirot um.

«Was – was ist denn los? Warum steht sie nicht auf?»

«Kommen Sie mit», sagte Poirot barsch.

Er stapfte durch den Schnee. Er hatte die anderen mit einer Handbewegung angewiesen zurückzubleiben und achtete darauf, die vorhandenen Fußspuren nicht zu zerstören. Der Junge folgte ihm. Poirot kniete neben dem Mädchen nieder und winkte Johnnie näher.

«Fühlen Sie ihre Hand und ihren Puls.»

Verwundert bückte sich der Junge und sprang dann mit einem Schrei zurück. Die Hand und der Arm waren steif und kalt, und es war keinerlei Pulsschlag zu fühlen.

«Sie ist tot!», ächzte er. «Aber wie? Warum?»

Poirot überging den ersten Teil der Frage.

«Warum?», sagte er sinnend. «Das frage ich mich auch.» Dann beugte er sich unvermittelt über die Leiche des Mädchens und bog die Finger ihrer anderen Hand zurück, die etwas fest umklammerten. Sowohl er als auch der Junge stießen einen Schrei aus. In Nancys Hand lag ein roter Stein, der funkelte und Feuer versprühte.

«Aha!», rief Poirot. Seine Hand verschwand blitzschnell in seiner Hosentasche und kam leer wieder heraus.

«Der Rubin aus dem Knallbonbon», sagte Johnnie verwundert. Als sich sein Begleiter dann vorbeugte, um den Dolch und den blutgetränkten Schnee zu untersuchen, stieß er hervor: «Das kann kein Blut sein, Monsieur Poirot. Das ist Farbe. Das ist doch nur Farbe.»

Poirot richtete sich auf.

«Ja», sagte er ruhig. «Sie haben Recht. Es ist nur Farbe.»

«Aber wie …» Der Junge brach ab. Poirot beendete den Satz für ihn.

«Wie wurde sie getötet? Das müssen wir herausfinden. Hat sie heute Morgen etwas gegessen oder getrunken?»

Während er sprach, ging er zurück zum Weg, wo die anderen warteten. Johnnie folgte dicht hinter ihm.

«Sie hat eine Tasse Tee getrunken», sagte der Junge. «Mr. Levering hat sie ihr gemacht. Er hat eine Spirituslampe in seinem Zimmer.»

Johnnies Stimme war laut und klar. Levering hörte die Worte.

«Habe immer eine Spirituslampe bei mir, wenn ich unterwegs bin», verkündete er. «Das Nützlichste, was es gibt. Meine Schwester war in den letzten Tagen sehr froh darüber – wollte ja nicht ständig das Personal belästigen.»

Poirot senkte den Blick, fast entschuldigend, wie es schien, auf Mr. Leverings Füße, die in Pantoffeln steckten.

«Sie haben die Schuhe gewechselt, wie ich sehe», murmelte er freundlich.

Levering starrte ihn an.

«Aber, Monsieur Poirot», rief Jean, «was sollen wir denn jetzt tun?»

«Da gibt es nur eins zu tun, wie ich bereits sagte, Mademoiselle. Wir müssen die Polizei holen.»

«Ich gehe!», rief Levering. «Ich brauche nur einen Moment, um meine Stiefel anzuziehen. Aber Sie sollten nicht länger hier draußen in der Kälte bleiben.»

Er verschwand im Haus.

«Er ist sehr rücksichtsvoll, dieser Mr. Levering», murmelte Poirot leise. «Wollen wir seinen Rat annehmen?»

«Sollten wir nicht Vater wecken – und die anderen?»

«Nein», sagte Poirot scharf. «Das ist absolut nicht erforderlich. Bis die Polizei eintrifft, darf hier draußen nichts angerührt werden. Wollen wir nicht hineingehen? In die Bibliothek? Ich habe Ihnen eine kleine Geschichte zu erzählen, die Sie vielleicht von diesem traurigen und tragischen Vorfall ablenken wird.»

Er ging voran, und alle folgten ihm.

«Die Geschichte handelt von einem Rubin», sagte Poirot, während er es sich in einem bequemen Sessel gemütlich machte. «Einem sehr berühmten Rubin, der einem sehr berühmten Mann gehörte. Ich werde Ihnen nicht seinen Namen nennen – aber er ist einer der Großen dieser Erde. *Eh bien,* dieser große Mann, er kam nach London, incognito. Und da er nicht nur ein großer Mann war, sondern auch ein junger und leichtsinniger Mann, ließ er sich mit einer hübschen jungen Dame ein. Die hübsche junge Dame, sie machte sich nicht viel aus dem Mann, aber sie machte sich sehr viel aus seinem Besitz – so viel, dass sie eines Tages mit dem historischen Rubin verschwand, der seit Generationen seiner Familie gehört hatte. Der arme junge Mann, er befand sich in einem großen Dilemma. Er soll in Kürze eine edle Prinzessin heiraten, und er wünscht keinen Skandal. Er kann unmöglich zur Polizei gehen, also kommt er stattdessen zu mir. Er sagt: ‹Bringen Sie mir meinen Rubin zurück.› *Eh bien,* ich weiß einiges über diese junge Dame. Sie hat einen Bruder, und die beiden haben so manchen raffinierten *coup* ausgeführt. Es trifft sich, dass ich weiß, wo sie Weihnachten verbringen. Mr. Endicott, den ich zufällig kenne, hat die Liebenswürdigkeit, mich ebenfalls einzuladen.

Aber als die hübsche junge Dame hört, dass ich eintreffe, ist sie sehr alarmiert. Sie ist intelligent, und sie weiß, dass ich hinter dem Rubin her bin. Sie muss ihn unverzüglich an einem sicheren Ort verstecken; und nun raten Sie, wo sie ihn versteckt – in einem Plumpudding! Ja, Sie sind zu Recht überrascht. Die hübsche junge Dame rührt mit den anderen, und sie wirft ihn in eine Puddingschüssel aus Aluminium, die sich von den anderen unterscheidet. Durch einen seltsamen Zufall wurde dieser Pudding am Weihnachtstag serviert.»

Die Tragödie war für einen Moment vergessen, und alle starrten Poirot mit offenem Mund an.

«Danach», fuhr der kleine Mann fort, «begab sie sich krank zu Bett.» Er zog seine Taschenuhr hervor und warf einen Blick darauf. «Das Haus ist erwacht. Mr. Levering braucht sehr lange, um die Polizei zu holen, nicht wahr? Ich glaube, seine Schwester ist mit ihm gegangen.»

Evelyn erhob sich mit einem Schrei, den Blick auf Poirot geheftet.

«Und ich glaube, sie werden nicht zurückkommen. Oscar Levering bewegt sich schon seit langem hart an der Grenze des Erlaubten, und das ist das Ende. Er und seine Schwester werden ihre Aktivitäten eine Zeit lang im Ausland fortsetzen, unter einem anderen Namen. Heute Morgen habe ich ihn abwechselnd gereizt und erschreckt. Indem er seine Maske fallen ließ, konnte er den Rubin in seinen Besitz bringen, während wir im Haus waren und er angeblich die Polizei holte. Doch das bedeutete, alle Brücken hinter sich abbrechen. Aber da ihm ein Mord in die Schuhe geschoben werden sollte, schien es ihm geboten, die Flucht zu ergreifen.»

«Hat er Nancy getötet?», flüsterte Jean.

Poirot erhob sich.

«Ich schlage vor, wir begeben uns noch einmal zum Tatort», sagte er.

Er ging voran, und alle folgten ihm. Aber als sie aus dem Haus traten, verschlug es allen gleichzeitig den Atem. Nichts deutete mehr auf das tragische Ereignis hin; der Schnee war glatt und unberührt.

«Mann, o Mann!», sagte Eric und sank auf die Stufen. «Das Ganze war doch kein Traum, oder?»

«Höchst mysteriös», sagte Poirot. «Das Geheimnis der verschwundenen Leiche.» Seine Augen funkelten verschmitzt.

Jean trat näher an ihn heran, da ein jäher Verdacht in ihr aufstieg.

«Monsieur Poirot, Sie haben doch nicht – Sie sind doch nicht – ich meine, Sie haben uns doch nicht die ganze Zeit an der Nase herumgeführt? Oh, ich glaube, das haben Sie wirklich!»

«So ist es, meine Kinder. Ich wusste von Ihrem kleinen Komplott, und darum habe ich arrangiert ein kleines Gegenkomplott. Ah, da ist Mademoiselle Nancy – unbeschadet, wie ich hoffe, nach ihrer hervorragenden schauspielerischen Leistung in meiner kleinen Komödie.»

Es war tatsächlich Nancy Cardell, wie sie leibte und lebte. Ihre Augen glänzten, und das ganze Persönchen strahlte Gesundheit und Vitalität aus.

«Sie haben sich doch nicht erkältet? Sie haben den Lindenblütentee getrunken, den ich Ihnen auf Ihr Zimmer schickte?», erkundigte sich Poirot vorwurfsvoll.

«Ein einziger Schluck davon hat mir genügt. Es geht mir prima. Habe ich meine Sache gut gemacht, Monsieur Poirot? Aber mein Arm tut ganz schön weh von der Aderpresse!»

«Sie waren großartig, *ma petite.* Aber wollen wir die anderen nicht aufklären? Sie tappen noch immer im Dunkeln, wie ich sehe. Nun, *mes enfants,* ich ging zu Mademoiselle Nancy, sagte ihr, dass ich über Ihr kleines Komplott Bescheid wusste, und fragte sie, ob sie würde für mich eine Rolle spielen. Sie ging sehr geschickt vor. Sie veranlasste Mr. Levering, ihr eine Tasse Tee zu machen, und es gelang ihr außerdem, dass er derjenige war, der die Fußspuren im Schnee zurückließ. Als der Augenblick gekommen war und er dachte, sie sei durch einen unglücklichen Zufall tatsächlich tot, hatte ich alle Indizien, um ihm Angst zu machen. Was geschah, nachdem wir ins Haus gegangen waren, Mademoiselle?»

«Er kam mit seiner Schwester herunter, riss mir den Rubin aus der Hand, und dann machten sie sich Hals über Kopf aus dem Staub.»

«Aber, Monsieur Poirot, was ist mit dem Rubin?», rief Eric. «Heißt das, dass Sie die beiden mit dem Rubin haben entwischen lassen?»

Poirot machte ein langes Gesicht, als er dem Kreis vorwurfsvoller Blicke begegnete.

«Ich werde ihn wieder herbeischaffen», sagte er matt; aber er spürte, dass er in ihrer Achtung gesunken war.

«Das will ich auch schwer hoffen!», begann Johnnie. «Die beiden mit dem Rubin abhauen zu lassen!»

Aber Jean war scharfsinniger.

«Er nimmt uns schon wieder auf den Arm!», rief sie aus. «Habe ich Recht?»

«Greifen Sie in meine linke Rocktasche, Mademoiselle.»

Jean schob eifrig die Hand hinein und zog sie mit einem triumphierenden Schrei wieder heraus. Sie hielt den großen Rubin in all seiner funkelnden Pracht in die Höhe.

«Sie müssen wissen», erläuterte Poirot, «der andere war nur eine wertlose Nachbildung, die ich aus London mitgebracht hatte.»

«Ist er nicht raffiniert?», fragte Jean begeistert.

«Eins haben Sie uns aber noch nicht verraten», sagte Johnnie unvermittelt. «Woher wussten Sie von dem Jux? Hat Nancy es Ihnen erzählt?»

Poirot schüttelte den Kopf.

«Aber woher wussten Sie es dann?»

«Es gehört zu meinem Beruf, dergleichen zu wissen», sagte Poirot leise lächelnd, als er Evelyn Haworth und Roger Endicott zusammen den Weg hinuntergehen sah.

«Ja, ja, aber verraten Sie es uns doch! Ach, bitte, bitte! *Lieber* Monsieur Poirot, bitte verraten Sie es uns.»

Er war von einem Kreis aufgeregter, begieriger Gesichter umringt.

«Sie wollen wirklich, dass ich das Rätsel für Sie löse?»

«Ja!»

«Ich glaube nicht, dass ich das kann.»

«Warum nicht?»

«*Ma foi,* Sie werden sehr enttäuscht sein.»

«Ach, bitte! Sie müssen es uns verraten! Woher *wussten* Sie es?»

«Nun ja, ich war in der Bibliothek –»

«Und?»

«Und Sie haben draußen über Ihr Vorhaben gesprochen – und das Fenster stand offen.»

«Das ist alles?», fragte Eric empört. «Na, dann war's keine Kunst!»

«Nicht wahr?», sagte Poirot lächelnd.

«Jedenfalls wissen wir jetzt alles», sagte Jean mit Befriedigung in der Stimme.

«Tatsächlich?», murmelte Poirot bei sich, als er ins Haus ging. «*Ich weiß nicht* alles – ich, zu dessen Beruf es gehört, dergleichen zu wissen.»

Und er zog, wohl zum zwanzigsten Mal, ein ziemlich schmutziges Blatt Papier aus der Rocktasche.

«*Essen Sie keinen Plumpudding.*»

Poirot schüttelte verwirrt den Kopf. Im gleichen Moment wurde er sich eines merkwürdigen Keuchens in unmittelbarer Nähe seiner Füße bewusst. Er blickte zu Boden und erspähte ein schmächtiges Mädchen in einem geblümten Kleid. In der linken Hand hatte sie eine Kehrschaufel und in der rechten einen Besen.

«Wen haben wir denn hier?», erkundigte sich Poirot.

«Annie Hicks, wenn's recht ist, Sir. Ich helf' der Köchin und dem Stubenmädchen.»

Poirot hatte einen Geistesblitz. Er reichte ihr den Zettel.

«Haben Sie das geschrieben, Annie?»

«Ich hab's nur gut gemeint, Sir.»

Er lächelte sie an.

«Aber natürlich. Wollen Sie mir nicht alles erzählen?»

«Es war bloß wegen den beiden, Sir – dem Mr. Levering und seiner Schwester. Von uns kann die keiner leiden; und dass *sie* überhaupt nicht krank war, das haben wir gleich gemerkt. Ich hab mir gleich gedacht, dass da was faul ist, und ich sag's Ihnen frei heraus, Sir, ich hab an der Tür gelauscht und ich hab ihn klipp und klar sagen hören: ‹Dieser Poirot muss schleunigst aus dem Weg geräumt werden.› Und dann sagt er zu ihr, so richtig vielsagend: ‹Wo hast du es hingetan?› Und sie antwortet:‹In den Pudding.› Und da war mir klar, dass die Sie mit dem Weihnachtspudding vergiften wollten, aber ich hab nicht gewusst, was ich machen soll. Die Köchin tät einer wie mir ja doch nicht glauben. Und da hab ich gedacht, ich schreib Ihnen, um Sie zu warnen, und hab den Brief in die Halle gelegt, damit der Mr. Graves ihn auch ganz bestimmt sieht und Ihnen bringt.»

Annie hielt atemlos inne. Poirot musterte sie längere Zeit.

«Sie lesen zu viele Unterhaltungsromane, Annie», sagte er schließlich. «Aber Sie haben ein gutes Herz und Sie sind nicht dumm. Wenn ich wieder in London bin, ich werde Ihnen schicken ein ausgezeichnetes Buch über *le ménage* sowie das Leben der Heiligen und ein Werk über die ökonomische Stellung der Frau.»

Er ließ die völlig verdutzte Annie stehen und durchquerte die Halle. Er hatte in die Bibliothek gehen wollen, doch durch die offene Tür sah er, dicht nebeneinander, einen dunkelhaarigen Kopf und einen blonden, und so hielt er inne, wo er war. Plötzlich schlangen sich zwei Arme um seinen Hals.

«Was bleiben Sie auch ausgerechnet unter dem *Mistelzweig* stehen!», sagte Jean.

«Ich auch!», rief Nancy

Poirot genoss das Ganze – genoss es in der Tat ganz ungemein.

«We wish you a Merry Christmas» – bekannte englische Christmas Carols

Away in a manger

Away in a manger,
no crib for a bed,
The little Lord Jesus
laid down His sweet head.
The stars in the sky
looked down where He lay,
The little Lord Jesus
asleep on the hay.

The cattle are lowing,
the poor Baby wakes,
But little Lord Jesus
no crying He makes.

O Christmas tree

O Christmas tree! O Christmas tree!
True symbol of eternity.
O Christmas tree! O Christmas tree!
True symbol of eternity.
Your boughs are green throughout the year,
Resplendent in a life sincere.
O Christmas tree! O Christmas tree!
True symbol of eternity.

O Christmas tree! O Christmas tree!
You fill all hearts with gaiety.
O Christmas tree! O Christmas tree!
You fill all hearts with gaiety.
On Christmas Day you stand so tall;
Affording joy to one and all.
O Christmas tree! O Christmas tree!
You fill all hearts with gaiety.

O Christmas tree! O Christmas tree!
Your candles glow delightfully.
O Christmas tree! O Christmas tree!
Your candles glow delightfully.
Their flick'ring flames send forth a light.
Like twinkling stars that shine at night.
O Christmas tree! O christmas tree!
Your candles glow delightfully.

Good Christian men, rejoice

Good Christian men, rejoice,
With heart and soul and voice;
Give ye heed to what we say:
Jesus Christ is born today.
Ox and ass before Him bow,
And He is in the manger now.
Christ is born today!
Christ is born today!

Good Christian men, rejoice,
With heart and soul and voice;
Now ye hear of endless bliss,
Jesus Christ was born for this!
He has op'ed the heav'nly door
And man is blessed evermore.
Christ was born for this!
Christ was born for this!

Good Christian men, rejoice,
With heart and soul and voice;
Now ye need not fear the grave;
Jesus Christ is born to save.
Calls you one and calls you all,
To gain His everlasting hall.
Christ was born to save!
Christ was born to save!

While shepherds watched their flocks by night

While shepherds watched
their flocks by night,
all seated on the ground!
The angel of the Lord came down,
and glory shone around,
and glory shone around.

«Fear not», said he, for mighty dread
had seized their troubled mind,
«Glas tidings of great joy I bring
to you and all mankind,
to you and all mankind.

To you in David's town today,
is born of David's line
a saviour, who is Christ the Lord,
and this shall be the sign:
and this shall be the sign.

The Heavenly Babe you there shall find,
to human view displayed,
all meanly wrapped in swathing band,
and in a manger laid,
and in a manger laid.»

All glory be to God on high,
and on the earth be peace;
Good-will henceforth
from Heaven to men,
begin and never cease,
begin and never cease.

We wish you a Merry Christmas

We wish you a Merry Christmas,
We wish you a Merry Christmas,
We wish you a Merry Christmas,
And a happy New Year!
Good tidings to you,
And all of your kin,
Good tidings for Christmas
And a happy New Year.

Oh, bring us a figgy pudding,
Oh, bring us a figgy pudding,
Oh, bring us a figgy pudding,
And a cup of good cheer.

Good tidings to you,
And all of your kin,
Good tidings for Christmas
And a happy New Year.

We won't go until we've got some,
We won't go until we've got some,
We won't go until we've got some,
So bring some out here.
Good tidings to you,
And all of your kin,
Good tidings for Christmas
And a happy New Year.

Once in Royal David's city

Once in Royal David's city
stood a lowly cattle shed,
where a Mother laid her Baby
in a manger for His bed,
Mary was the Mother mild,
Jesus Christ her little child.

He came down to earth from Heaven,
who is God and Lord of all,
and His shelter was a stable,
and His cradle was a stall;
with the poor, and mean, and lowly,
lived on earth our Saviour holy.

And through all His wondrous childhood,
he would honour and obey
love, and watch the lowly maiden,
in whose gentle arms He lay;
Christian children all must be,
mild, obedient, good as He.

For He is our childhood's pattern,
day by day like us He grew,
He was little, meek and helpless,
tears and smiles like us He knew;
and He feeleth for our sadness,
and He shareth in our gladness.

And our eyes at last shall see Him,
Through His own redeeming love,
for that child so dear and gentle,
is our Lord in Heaven above;
and He leads His children on,
to the place where He is gone.

Silent night

Silent night, holy night,
All is calm, all is bright,
Round yon Virgin Mother and Child,
Holy Infant, so tender and mild,
Sleep in heavenly peace;
Sleep in heavenly peace.

Silent night, holy night,
Shepherds quake at the sight.
Glories stream from heaven afar,
Heav'nly hosts sing Alleluia;
Christ, the Saviour is born;
Christ, the Saviour is born.

Silent night, holy night,
Son of God, love's pure light;
Radiant beams from Thy holy face,
With the dawn of redeeming grace,
Jesus, Lord, at Thy birth;
Jesus, Lord, at Thy birth.

Quellenverzeichnis

Hercule Poirots Weihnachten
Aus: Agatha Christie, *Hercule Poirots Weihnachten.* Copyright © 1939 by Agatha Christie Mallowan. Scherz Verlag, Bern, München, Wien.

Die Versuchung
Aus: Agatha Christie, *Es begab sich aber.* Copyright © 1965 by Agatha Christie Limited. Scherz Verlag, Bern, München, Wien.

Gold, Weihrauch und Myrrhe
Aus: Agatha Christie Mallowan, *Star over Bethlehem.* Copyright © 1965 by Agatha Christie Mallowan. Berkley Books, New York. Deutsch von Lia Franken.

Weihnachten auf Abney Hall
Aus: Agatha Christie, *Meine gute alte Zeit.* Copyright © 1977 by Agatha Christie Limited. Scherz Verlag, Bern, München, Wien.

Hercule Poirot und der Plumpudding
(Variation 1)
Aus: Agatha Christie, *Ein diplomatischer Zwischenfall.* Copyright © 1960 by Agatha Christie Limited. Scherz Verlag, Bern, München, Wien.

Heirat an Weihnachten
Aus: Agatha Christie, *Meine gute alte Zeit.* Copyright © 1977 by Agatha Christie Limited. Scherz Verlag, Bern, München, Wien.

Der unfolgsame Esel
Aus: Agatha Christie, *Es begab sich aber.* Copyright © 1965 by Agatha Christie Limited. Scherz Verlag, Bern, München, Wien.

Weihnachtsgruß
Aus: Agatha Christie Mallowan, *Star over Bethlehem.* Copyright © 1965 by Agatha Christie Mallowan. Berkley Books, New York. Deutsch von Lia Franken.

Eine Weihnachtstragödie
Aus: Agatha Christie, *Der Dienstagabend-Club.* Copyright © 1932 by Agatha Christie Mallowan. Scherz Verlag, Bern, München, Wien.

Aufregung an Weihnachten
(Hercule Poirot und der Plumpudding, Variation 2)
Aus: Agatha Christie, *Solange es hell ist.* Copyright © 1997 by Agatha Christie Limited. Scherz Verlag, Bern, München, Wien.